Ing. pag. 35 - 36.

(1)

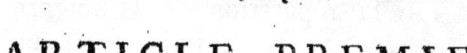

FRAGMENTS
SUR
L'INDE.

ARTICLE PREMIER.
De la science des Bracmanes.

C'EST une consolation de quitter les ruines de la Compagnie française des Indes, l'échaffaut sur lequel le meurtre de Lalli fut commis, & les malheureuses querelles de nos marchands & de nos officiers. On sort avec plaisir d'un chaos si triste pour retourner à la contemplation philosophique de l'Inde, & pour examiner avec attention cette vaste & ancienne partie de la terre, que certainement les prévarications du jésuite Lavaur, & les mensonges imprimés du

A

jésuite Martin, & même les miracles attribués à François Xavero, appellé chez nous Xavier, ne nous ferons jamais connaître.

C'est d'abord une remarque très importante que Pythagore alla de Samos au Gange pour apprendre la géométrie il y a environ deux mille cinq-cent ans au moins, & plus de sept cent ans avant notre ère vulgaire, si récemment adoptée par nous. Or certainement Pythagore n'aurait pas entrepris un si étrange voyage, si la réputation de la science des Bracmanes n'avait été dès longtems établie de proche en proche en Europe, & si plusieurs voyageurs n'avaient déja enseigné la route.

On sait avec quelle lenteur tout s'établit : ce ne sont pas des prêtres égyptiens qui auront d'abord couru dans l'Inde pour s'instruire. Ils étaient trop infatués du peu qu'ils savaient. Leurs intrigues & leurs propres superstitions occupaient toute leur vie sédentaire. La mer leur était en horreur ; c'était leur Typhon. Nul auteur ne parle d'aucun prêtre d'Egypte qui ait voyagé. Ennemis des étrangers, ils se feraient crus souillés de manger avec eux ; il fallait qu'un étranger se fît couper le prépuce pour être admis à leur parler. Un Levite n'était pas plus insociable.

DES BRACMANES.

Il est vraisemblable que des marchands arabes furent les premiers qui passerent dans l'Inde, dont ils étaient voisins. L'intérêt est plus ancien que la science. On alla chercher des épiceries pendant des siècles, avant de chercher des vérités.

Des premiers voyageurs dans l'Inde.

Chapitre XVIII. 16.

De Bacchus.

rent cet événement de plus de fables qu'ils n'en mirent depuis dans leurs mille & une nuits. Ils firent de Bacchus un conquérant, musicien, débauché, ivrogne, magicien & dieu. Des rayons de lumière lui sortaient de la tête. Une colonne de feu marchait devant son armée pendant la nuit. Il écrivait ses loix en chemin sur des tables de marbre. Il traversait à pied la mer rouge, avec une multitude d'hommes, de femmes & d'enfans. D'un coup de baguette, il fesait jaillir d'un rocher une fontaine

DES BRACMANES.

Il est vraisemblable que des marchands ara- *Des pre-*
bes furent les premiers qui passerent dans l'In- *miers voya-*
de, dont ils étaient voisins. L'intérêt est plus *geurs dans*
ancien que la science. On alla chercher des *l'Inde.*
épiceries pendant des siècles, avant de chercher des vérités.

Nous avons observé ailleurs que dans l'histoire allégorique de Job, écrite en arabe longtems avant le Pentateuque, que ce Job parle *Chapitre*
du commerce des Indes, & de ses toiles peintes. *XXVIII.*
ỳ. 16.

Nous avons rapporté que l'histoire de Bac- *De Bac-*
chus, né en Arabie, était fort antérieure à *chus.*
Job. Son voyage dans l'Inde est aussi certain
qu'une ancienne histoire peut l'être; mais il
est encor plus certain que les Arabes chargè-
rent cet événement de plus de fables qu'ils n'en
mirent depuis dans leurs mille & une nuits.
Ils firent de Bacchus un conquérant, musicien,
débauché, ivrogne, magicien & dieu. Des
rayons de lumière lui sortaient de la tête.
Une colonne de feu marchait devant son armée pendant la nuit. Il écrivait ses loix en
chemin sur des tables de marbre. Il traversait à
pied la mer rouge, avec une multitude d'hommes, de femmes & d'enfans. D'un coup de baguette, il fesait jaillir d'un rocher une fontaine

A ij

de vin. Il arrêtait à la fois d'un seul mot la lune qui marche & le soleil qui ne marche pas. Toutes ces merveilles peuvent être des figures emblêmatiques ; mais il est difficile d'en pénétrer le sens. C'est ainsi que longtems après, quand les Grecs, ayant équipé un vaisseau pour aller trafiquer en Mingrelie, leurs prophêtes poëtes embellirent cette entreprise utile, en y mêlant des oracles, des miracles, des dieux, des demi-dieux, des héros & des prostituées. Enfin des sages voyagèrent pour s'instruire.

De Zoroastre & de Pythagore. Le premier qui soit connu pour être venu chercher la science dans l'Inde, est l'un de ces anciens Zerdust que les Grecs appellaient Zoroastre. Le second est Pythagore. Mr. Holwell nous assure qu'il a vu leurs noms consacrés dans les annales des Bracmanes à la suite des noms des autres disciples venus à l'école de Bénarès sur la frontière septentrionale du Bengale. Ils ont aussi dans leurs régistres le nom d'Alexandre ; mais il est parmi les destructeurs, tout grand homme qu'il était ; & les Pythagores & les Zoroastres sont parmi les anciens précepteurs du genre humain qui étudièrent chez les Bracmanes, & qui raportèrent

DES BRACMANES.

dans leur patrie le peu de vérités & la foule des erreurs qu'ils avaient apprises.

Nous avons déja reconnu que l'arithmétique, la géométrie, l'aftronomie étaient enfeignées chez les Bracmanes. Les douze fignes de leur zodiaque & leurs vingt-fept conftellations en étaient une preuve évidente.

Les Bracmanes connaiffaient la préceffion des équinoxes de tems immémorial, & ils fe trompèrent bien moins que les Grecs dans leur calcul; car ce mouvement aparent des étoiles était chez eux, & eft encor de cinquante-quatre fecondes par an; deforte que cette période était pour eux de vingt-quatre mille ans, au-lieu que les Grecs la firent de trente-fix mille. Elle eft chez nous de vingt-fept mille neuf cent vingt ans; ainfi les Bracmanes fe raprochaient plus de la vérité que les Grecs qui vinrent longtems après eux.

De l'aftronomie.

Mr. Le Gentil, favant aftronome, qui a demeuré quelque tems à Pondicheri, a rendu juftice aux Brames modernes qui ne font que les faibles échos des premiers Bracmanes. Il a très-ingénieufement réfolu le problême de la durée du monde, fixée par ces anciens philofophes de l'Inde, à quatre millions trois cent vingt mille ans, dont il y a trois millions, huit cent quatre-vingt dix-sept mille huit cent quatre-vingt un d'écoulés en l'an 1773 de notre ère. Ainsi notre monde n'aurait plus que quatre cent vingt-deux mille cent dix-neuf ans à subsister.

Mr. Le Gentil s'est très-bien aperçu que ce nombre qui semble prodigieux, & qui n'est rien par rapport au tems nécessairement éternel, n'est qu'une combinaison des révolutions de l'équinoxe à peu près comme la période Julienne de Jules Scaliger, qui est une multiplication des cycles du soleil par ceux de la lune & par l'indiction.

Mais en même tems Mr. Le Gentil a reconnu avec admiration la science des Bracmanes, & l'immensité des tems qu'il fallut à ces Indiens pour parvenir à des connaissances dont les Chinois même n'ont jamais eu l'idée, & qui ont été inconnues à l'Egypte & à la Caldée qui enseigna l'Egypte.

Egyptum docuit Babilon, Egyptus achivos.

ARTICLE SECOND.

De la religion des Bracmanes, & surtout de l'adoration d'un seul DIEU.

Le gouvernement Chinois accusé d'athéisme.

LA théogonie des Bracmanes s'enfonce dans des tems qui doivent encor plus étonner l'espece humaine dont la vie n'est qu'un instant.

Mr. Dow, Mr. Holwell sont d'accord dans l'exposition de cette antique théogonie. (*) Tout deux savaient la langue sacrée du Hanscrit, ou Sanscrit : tout deux avaient demeuré longtems dans le Bengale, où la première école des Bracmanes subsiste encore.

Ces deux hommes, également utiles à l'Angleterre par leurs services, & au genre humain

De Mrs. Dow & Holwell.

(*) On en trouvera quelque chose dans l'*Essai sur l'histoire générale des mœurs & de l'esprit des nations* : mais c'est surtout chez Mrs. Holwell & Dow qu'il faut s'instruire. Consultez aussi les judicieuses réflexions de Mr. Sinner, dans son *Essai sur les dogmes de la métempsycose & du purgatoire.*

A iiij

par leurs découvertes, conviennent de ce que nous avons dit & de ce que nous ne pouvons trop répéter, que les Bramès ont conservé des livres écrits depuis près de cinq mille années, lesquels prouvent nécessairement une suite prodigieuse de siècles précédents.

Que les Indiens ayent toujours adoré un seul Dieu, ainsi que les Chinois, c'est une vérité incontestable. On n'a qu'à lire le premier article de l'ancien Shasta traduit par Mr. Holwell. La fidélité de la traduction est reconnue par Mr. Dow, & cet aveu a d'autant plus de poids que tout deux différent sur quelques autres articles ; voici cette profession de foi : nous n'avons point sur la terre d'hommage plus antique rendu à la Divinité.

De l'ancien livre du Shasta ou Chastabad.

» Dieu est celui qui fut toujours : il créa
» tout ce qui est ; une sphère parfaite sans
» commencement ni fin, est sa faible image.
» Dieu anime & gouverne toute la création
» par la providence générale de ses principes
» invariables & éternels. Ne sonde point la
» nature de l'existence de celui qui fut tou-
» jours : cette recherche est vaine & crimi-
» nelle : c'est assez que jour par jour & nuit
» par nuit ses ouvrages t'annoncent sa sagesse,

» sa puissance & sa miséricorde. Tâche d'en
» profiter. «

Quand nous écririons mille pages sur ce simple passage, selon la méthode de nos commentateurs d'Europe, nous n'y ajouterions rien : nous ne pourrions que l'affaiblir. Qu'on songe seulement que dans le tems où ce morceau sublime fut écrit, les habitans de l'Europe, qui sont aujourd'hui si supérieurs au reste de la terre, disputaient leurs aliments aux animaux, & avaient à peine un langage grossier.

Les Chinois étaient, à peu près dans ce tems, parvenus à la même doctrine que les Indiens. On en peut juger par la déclaration de l'empereur Kam-hi, tirée des anciens livres, & rapportée dans la compilation de Du Halde (*).

» Au vrai principe de toutes choses.
» Il n'a point eu de commencement, & il
» n'aura point de fin. Il a produit toutes choses
» dès le commencement. C'est lui qui les gou-
» verne & qui en est le véritable Seigneur.
» Il est infiniment bon, infiniment juste ; il
» éclaire, il soutient, il règle tout avec une
» suprême autorité & une souveraine justice «.

(*) Page 41. édition d'Amsterdam.

UNITÉ

Que le gouvernement Chinois a toujours reconnu un seul Dieu.

L'empereur Kien-long s'exprime avec la même énergie dans son poëme de Moukden, composé depuis peu d'années. Ce poëme est simple ; il célèbre sans enthousiasme les bienfaits de Dieu & les beautés de la nature. Combien d'ouvrages moraux la Chine n'a-t-elle pas de ses premiers empereurs ! Confucius était vice-roi d'une grande province. Avons-nous, parmi nous, beaucoup d'hommes pareils ?

Quand le gouvernement Chinois n'aurait montré d'autre prudence que celle d'adorer un seul Dieu sans superstition, & de contenir toujours les Bonzes aux rêveries desquels il abandonne la populace, il mériterait nos plus sincères respects. Nous ne prétendons point inférer de-là que ces nations orientales l'emportent sur nous dans les sciences & dans les arts ; que leurs mathématiciens aient égalé Archimède & Newton ; que leur architecture soit comparable à St. Pierre de Rome, à St. Paul de Londres, à la façade du Louvre ; que leurs poëmes approchent de Virgile & de Racine ; que leur musique soit aussi savante, aussi harmonieuse que la nôtre. Ces peuples seraient aujourd'hui nos écoliers en tout ; mais ils ont été en tout nos maîtres.

Les monuments, les plus irréfragables sur l'unité de Dieu qui nous restent des deux nations les plus anciennement policées de la terre, n'ont pas empêché nos disputeurs de l'occident de donner à des gouvernements si sages le nom ridicule d'idolâtres. Ils étaient bien loin de l'être ; & il faut avouer, avec le père le Comte, qu'*ils offraient à Dieu un culte pur dans les plus anciens temples de l'univers.*

C'est ainsi que les premiers Persans adorèrent un seul Dieu, dont le feu était l'emblême, comme le savant Hyde l'a démontré dans un livre qui méritait d'être mieux digéré.

C'est ainsi que les Sabéens reconnurent aussi un Dieu suprême, dont le soleil & les étoiles étaient les émanations, comme le prouve le sage & méthodique Salles, le seul bon traducteur de l'Alcoran.

Les Egyptiens, malgré la consécration de leurs bœufs, de leurs chats, de leurs singes, de leurs crocodiles & de leurs ognons, malgré leurs fables d'Ishet, d'Osireth & de Typhon, adorèrent un Dieu suprême, désigné par une sphère posée sur le frontispice de leurs principaux temples. Les mystères d'Egypte, de Thrace, de Grèce, de Rome, eurent toujours pour objet l'adoration d'un seul Dieu.

Nous avons rapporté ailleurs mille preuves de cette vérité évidente. Les Grecs & les Romains, en adorant le Dieu très-bon & très-grand, rendaient auſſi leurs hommages à une foule de divinités ſécondaires ; mais nous répéterons ici qu'il eſt auſſi abſurde de leur reprocher l'idolâtrie, parce qu'ils reconnaiſſaient des êtres ſupérieurs à l'homme, & ſubordonnés à Dieu, qu'il ſerait injuſte de nous accuſer d'être idolâtres, parce que nous vénérons des Saints. (*)

Les métamorphoſes d'Ovide n'étaient point la religion de l'empire romain ; & ni *la Fleur des Saints*, ni le *Penſez-y bien*, ne ſont la religion des ſages Chrétiens.

Toutes les nations ont toujours élevé les unes contre les autres des accuſations fondées ſur l'ignorance & ſur la mauvaiſe foi. On a hautement imputé l'athéiſme au gouvernement Chinois ; & les ennemis des jéſuites les ont

---

(*) Que pourraient en effet penſer des Chinois, des Tartares, des Arabes, des Perſans, des Turcs, s'ils voyaient tant d'égliſes dédiées à St. Janvier, à St. Antoine, à St. François, à St. Fiacre, à St. Roch, à Ste. Claire, à Ste. Ragonde, & pas une au-maître de la nature, à l'eſſence ſuprême & univerſelle par qui nous vivons ?

accusés à Paris & à Rome de fomenter l'athéisme
à Pekin. Il y a sans doute à la Chine & dans *Des athées*
l'Inde comme ailleurs des philosophes qui, ne
pouvant concilier le mal physique & le mal
moral, dont la terre est inondée, avec la
croyance d'un Dieu, ont mieux aimé ne reconnaître dans la nature qu'une nécessité fatale.
Les athées sont par-tout; mais aucun gouvernement ne le fut par principe, & ne le sera
jamais : ce n'est l'intérêt ni des royaumes, ni
des républiques, ni des familles ; il faut un
frein aux hommes.

D'autres jésuites, missionnaires aux Indes, *Des jésui-*
moins éclairés que leurs confrères de la Chine, *tes.*
& soldats crédules n'agueres d'un despote artifi-
cieux, ceux-là ont pris les Brames, adorateurs
d'un seul Dieu, pour des idolâtres. Nous avons
déjà vu avec quelle simplicité ils croyaient que
le diable était un des dieux de l'Inde. Ils *Du diable.*
l'écrivaient à notre Europe ; ils le persuadaient
dans Pondichéri, dans Goa, dans Diu, à des
marchands plus ignorants qu'eux. L'idée d'a-
dorer le diable n'est jamais tombée dans la tête
d'aucun homme, encore moins d'un Bracmane,
d'un Gymnosophiste. Nous ne pouvons ici
adoucir les termes ; il faut avoir bien peu de

raison & beaucoup de hardiesse pour croire qu'il soit possible de prendre pour son dieu un être qu'on suppose condamné par Dieu même à des supplices & à des opprobres éternels, un phantôme abominable & ridicule occupé à nous faire tomber dans l'abîme de ses tourments. Recherchons dans la mythologie indienne ce qui peut avoir donné un prétexte à l'ignorance de calomnier si brutalement l'antiquité.

ARTICLE TROISIEME.

De l'ancienne mythologie philosophique avérée, & des principaux dogmes des anciens Bracmanes sur l'origine du mal.

LEs anciens Bracmanes sont, sans contredit, les premiers qui osèrent examiner pourquoi sous un Dieu bon il y a tant de mal sur la terre. Et ce qui est très-remarquable, c'est que ces mêmes philosophes, qu'on dit avoir vécu dans la tranquillité la plus heureuse, & dans une apathie uniquement animée par l'étude, furent les premiers qui se fatiguèrent à rechercher l'origine d'un malheur qu'ils n'éprouvaient guères. Ils virent des révolutions dans le nord de l'Inde, des crimes, & des calamités amenés par ces peuples inconnus qui n'avaient pas même alors de nom, & que les Juifs, dans des tems plus récents, appellèrent Gog & Magog ; termes qui ne pouvaient avoir aucune acception précise chez un peuple si ignorant.

Les crimes & les calamités des nations barbares, voisines de l'Inde, & probablement des provinces de l'Inde même, toutes les misères du genre-humain, dûrent pénétrer profondément des esprits philosophiques. Il n'est pas étonnant que les inventeurs de tant d'arts & de ces jeux qui exercent & qui fatiguent l'esprit humain, aient voulu sonder un abîme que nous creusons encor tous les jours, & dans lequel nous nous perdons.

Peut-être était-il convenable à la faiblesse humaine de penser qu'il n'y a du mal sur la terre que parce qu'il est impossible qu'il n'y en ait pas ; parce que l'Etre parfait & universel ne peut rien faire de parfait & d'universel comme lui ; parce que des corps sensibles sont nécessairement soumis aux souffrances phyfiques; parce que des êtres, qui ont nécessairement des désirs ont aussi nécessairement des passions, & que ces passions ne peuvent être vives sans être funestes.

Cette philosophie semblait devoir être d'autant plus adoptée par les Bracmanes, que c'est la philosophie de la résignation. Et les Bracmanes dans leur apathie semblaient les plus résignés des hommes.

Mais ils aimèrent mieux donner l'essor à leurs idées métaphysiques que d'admettre le système de la nécessité des choses; système embrassé par tant de grands génies, mais dont l'abus peut conduire à cet athéisme qu'on a reproché à beaucoup de Chinois, & dont nos philosophes d'Europe sont encor aujourd'hui si soupçonnés (*).

Chute des anges chez les Bracmanes.

Les premiers Bracmanes imaginèrent donc une fable très-ingénieuse & très-hardie, qui sembloit

(*) L'auteur des Recherches Philosophiques sur les Egyptiens & sur les Chinois rapporte (Tome 2. page 93) que le minime Mersenne, colporteur des rêveries de Descartes, écrivit dans une de ses lettres qu'il y avait soixante-mille athées dans Paris de compte fait, & qu'il en connaissait douze dans une seule maison. La police supprima cette lettre pour l'honneur du corps.

semblait justifier la providence divine, & rendre raison du mal phisique & du mal moral. Ils supposèrent que l'Etre-suprême n'avait créé d'abord que des êtres presque semblables à lui, ne pouvant rien former qui l'égalât. Il forma ces demi-dieux, ces génies, *Debta*, auxquels les Perses donnèrent depuis le nom de *Péris*, ou *Féris*, d'où vient le mot de *Fée*. Nous n'avons pas de terme pour exprimer ce que les anciens entendaient précisément par demi-dieux en Asie, & même en Grèce & à Rome. Nous employons le mot d'ange qui ne signifie que messager; & nous avons attribué mille faits miraculeux à ces messagers divins, dont il est parlé dans la sainte Ecriture: tant les hommes ont aimé également à la fois la vérité & le merveilleux (*).

(*) *Aggelos*, chez les Grecs, ne signifiait que messager. Tous les commentateurs de la sainte Ecriture conviennent que les *Meleachim* hébreux, qu'on a traduit par Aggeloi, Angeli, Anges, n'ont été connus que lorsque les Juifs furent captifs chez les Babyloniens. Raphael n'est nommé que dans le livre de Tobie, & Tobie était captif en Médie. Michel & Gabriel ne se trouvent pour la première fois que dans Daniel. C'est par ces recherches qu'on parvient à découvrir quelque chose dans la filiation des idées anciennes.

Ces demi-dieux, ces génies, ces Debta inventés dans l'Inde, reçurent la vie longtems avant que l'Eternel créât les étoiles, les planettes & notre terre. Dieu tenoit lieu de tout, avec ses Debta, qui partageaient autour de lui sa béatitude. Voici comme l'ancien livre attribué à Brama lui-même s'exprime.

Passage admirable du Shasta.

» L'Eternel..... absorbé dans la contem-
» plation de son essence, résolut de commu-
» niquer quelques rayons de sa grandeur &

(*) Longin, ancien rhéteur grec attaché à Zénobie reine de Palmire, dit dans son traité du sublime chap. 7. ,,Moïse législateur des juifs, qui n'était pas sans-doute un ,,homme ordinaire, ayant fort bien conçu la grandeur & ,,la puissance de Dieu, l'a exprimée dans toute sa dignité ,,au commencement de ses loix par ces paroles : *Dieu dit,* ,,*que la lumiere se fasse, & la lumiere se fit ; que la terre* ,,*se fasse, & la terre se fit.*« Il faut que Longin n'eut pas lu le texte de Moïse, puisqu'il l'altère & qu'il l'allonge. On sait qu'il n'y a point, *que la terre se fasse & la terre se fit.* La création est sans-doute sublime, mais le récit de Moïse est très-simple, comme le stile de toute la Genèse l'est & le doit être. Le sublime est ce qui s'élève, & l'histoire de la Genèse ne s'élève jamais. On y raconte la production de la lumiere, comme tout le reste, en répétant toujours la même formule ; *& la terre était informe & vide, & les ténèbres étaient sur la superficie de l'abîme, & le vent de Dieu souflait sur les eaux, & Dieu dit que la lumiere se fasse & la lumiere se fit, & il vit que la lumiere était bonne ; & il divisa la lumiere*

» de sa félicité à des êtres capables de sentir
» & de jouïr..... ils n'existaient pas encor.
» Dieu voulut, & ils furent.

Il faut avouer que ces mots, ce tour de phrase, cette exposition sont sublimes, & qu'on ne peut disputer sur ce passage comme Boileau disputa contre l'évêque d'Avranche & contre Le Clerc sur cet endroit de la Genèse : *Il dit que la lumiere se fasse, & la lumiere se fit* (*).

des ténèbres, & il appella la lumiere jour, & il fut fait un jour le soir & le matin. Dieu dit aussi que le firmament se fasse au milieu des eaux, & qu'il divise les eaux des eaux ; & Dieu fit le firmament, & il divisa les eaux sous le firmament des eaux sur le firmament ; & il appella le firmament ciel ; & il fut fait un second jour le soir & le matin &c. & Dieu dit, que les eaux qui sont sous le ciel se rassemblent en un seul lieu, & que l'aride paraisse ; & il fut fait ainsi. Et Dieu appella la terre l'aride, & il appella l'assemblage des eaux la mer, & il vit que cela était bon. Il est de la plus grande évidence que tout est également simple & uniforme dans ce récit, & qu'il n'y a pas un mot plus sublime qu'un autre.

Ce fut le sentiment de Huet. Boileau le combattit rudement avant que Huet fut évêque. Celui-ci répondit savamment, & Boileau se tut quand Huet fut promu à un évêché. Le Clerc ayant soutenu l'opinion de Huet & n'étant point évêque, Boileau tomba plus rudement encor sur Le Clerc qui lui répondit de même.

Quoiqu'il en soit, les Debta, ces favoris de Dieu, abusant de leur bonheur & de leur liberté (*), se révoltèrent contre leur Créateur. Une partie de cette fable fut sans doute l'origine de la guerre des géants contre les dieux, des attentats de Typhon contre Ishet & Oshiret, que les Grecs appellèrent Isis & Osiris, & de la rebellion éternelle d'Arimane contre son Créateur, Orosmade, ou Oromase chez les Perses. On sait assez que la fable se propage plus aisément, & plus loin que la vérité. Les extravagances théologiques des Indiens firent plus de progrès chez leurs voisins que leur géométrie.

Il ne paraît pas que les Syriens ayent jamais rien adopté de la théologie Indienne. Ils avaient leur Astarté, leur Moloc, leur Adonis ou Adoni : ils n'entendirent jamais parler en Sirie de la révolte des Debta dans le ciel. Le petit peuple juif n'en fut un peu

(*) Cet abus énorme de la liberté, cette révolte des favoris de Dieu contre leur maître pouvait éblouïr, mais ne résolvait pas la question : car on pouvait toujours demander, pourquoi Dieu donna à ses favoris le pouvoir de l'offenser ? pourquoi il ne les nécessita pas à une heureuse impuissance de mal faire ? Il est démontré que cette difficulté est insoluble.

informé que vers le premier siècle de notre ère, lorsque dans la foule de mille écrits apocriphes on en supposa un qu'on osa attribuer à *Enoc, septième homme après Adam.* On fait dire à ce septième homme que les anges firent autrefois une conspiration ; mais c'était pour coucher avec des filles. Le prétendu Enoc nomme les anges coupables ; il ne nomme point leurs maîtresses. Il se contente de dire que les géants naquirent de leurs amours (*). L'apôtre St. Judde ou Juda, ou Lebée ou Tebeus, ou Thadeüs, cite ce faux Enoc comme un livre canonique dans la lettre qui lui est attribuée, sans qu'on sache à qui elle est adressée. St. Judde dans cette lettre parle de la défection des anges.

Premiere notion de la chute des anges chez les juifs.

Voici ses paroles : » Or je veux vous faire » souvenir de tout ce que vous savez, que

___

(*) Don Calmet était persuadé de l'existence de cette race de géans, comme de celle des Vampires. Il se prévaut sur-tout dans sa dissertation sur cette matiere, de la découverte que fit en 1613 un fameux chirurgien très-inconnu. Il trouva, dit Calmet, le tombeau & les os du roi Teutoboc qui avait trente pieds de long, & douze pieds d'une épaule à l'autre : c'était en Dauphiné près de Montrigaut. Ce roi Teutoboc descendait évidemment des anges qui daignerent faire des enfans aux filles.

B iij

RÉVOLTE

Chap. I.
ỳ. 5. & 6. » Jésu, sauvant le peuple de la terre d'É-
» gypte, détruisit ensuite ceux qui ne crurent
» pas, & qu'il retient dans des chaînes éter-
» nelles & dans l'obscurité les anges qui
» n'ont pas gardé leur principauté, mais qui
» ont quitté leur domicile. »

Et dans un autre endroit, en parlant des méchants : » Ce sont des nuées sans eau ; des
» arbres d'automne sans fruit, deux fois morts
Ibid.
ỳ.13 & 14. » & déracinés ; des flots de la mer agitée,
» écumant ses confusions ; des étoiles errantes,
» à qui la tempête des ténèbres est réservée
» pour l'éternité. Or c'est d'eux qu'a prophè-
» tisé Enoc le septième après Adam. »

On s'est donc servi, dans notre occident, d'un livre apocriphe pour fonder la chute des anges, la première cause de la chute de l'homme. On a corrompu aussi le sens naturel d'un passage d'Isaïe pour transformer le pre-
Equivoque de Lucifer. Isaïe Chap. XIV. mier des anges en diable, en tordant singu-
lièrement ces paroles : *Comment es-tu tombé du ciel, Lucifer ?* Il est vrai que notre popu-
lace appelle notre diable *Lucifer* ; mais le mot *Lucifer* n'est point dans Isaïe : c'est *Hélel* : c'est l'étoile du matin ; c'est l'étoile de Vénus ; c'est une métaphore dont Isaïe se sert pour

exprimer la mort du roi de Babylone : *Comment as-tu pu mourir, malgré tes muzettes ? comment es-tu couché avec les vers ? comment es-tu tombée, étoile du matin ?* Les commentateurs figuristes ont imaginé cette équivoque pour faire accroire que le diable Lucifer est tombé du ciel ; & cette erreur s'est longtems soutenue (*).

Mais la vérité est qu'il n'a jamais été question d'un génie, d'un demi-dieu, d'un ange, précipité du ciel que dans le Shasta des Bracmanes. Ni Lucifer, ni Belzébut, ni Sathan n'étaient son nom. Il s'appelait *Moisasor* : c'était le chef de la bande rebelle ; il devint diable, si on veut, avec sa suite : il fut du moins damné en effet. L'Eternel le précipita dans le vaste cachot de l'ondéra ; mais il ne fut point tentateur ; il ne vint point exciter les hommes au péché. Car ni les hommes, ni la terre n'existaient alors. Dieu l'enferma dans ce grand enfer de l'ondéra lui & les siens Purgatoire pour des milliers de monontours. Or il faut manes, savoir qu'un *monontour* est une période de quatre cent vingt-six millions d'années. Chez

(*) Voyez l'article Beker dans les Questions sur l'Encyclopédie.

nous, Dieu n'a pas encor pardonné au diable; mais chez le Indiens Moisasor & sa troupe obtinrent leur grace au bout d'un monontour. Ainsi l'enfer de l'ondéra n'avait été à proprement parler qu'un purgatoire (*).

Alors Dieu créa la terre & la peupla d'animaux. Il y fit venir les délinquants dont il adoucit les peines. Ils furent changés d'abord en vaches. C'est depuis ce tems que les vaches sont si sacrées dans la presqu'île de l'Inde, & que les dévots n'y mangent aucun animal. Ensuite les anges pénitents furent changés en hommes, & distingués en quatre castes. Comme coupables, ils apportèrent dans ce monde le germe des vices : comme punis, ils apportèrent le principe de tous les maux phisiques : voilà l'origine du bien & du mal.

On reprochera peut-être à ce système que les animaux, n'ayant point péché, sont pourtant aussi malheureux que nous, qu'ils se dévorent tous les uns les autres, qu'ils sont mangés par tous les hommes, excepté par les

Anges changés en vaches.

———————

(*) Vous retrouvez le purgatoire chez les Egyptiens; vous le retrouvez très-expressément dans le sixième chant de l'Enéide. Nous avons tout pris des anciens, presque sans exception.

Brames. C'eut été une faible objection du tems qu'il y avait des Cartéfiens.

Nous n'entrerons point ici dans les difputes des théologiens de l'Inde fur cette origine du mal. Les prêtres ont difputé par tout ; mais il faut avouer que les querelles des Brames ont été toujours paifibles.

Des philofophes pourront s'étonner que des géomètres, inventeurs de tant d'arts, ayent forgé un fyftême de religion, qui quoiqu'in-génieux, eft pourtant fi peu raifonnable. Nous pourrions répondre qu'ils avaient à faire à des imbéciles ; & que les prêtres Caldéens, Per-fans, Egyptiens, Grecs, Romains, n'eurent jamais de fyftême ni mieux lié, ni plus vrai-femblable.

Il eft abfurde fans doute de changer des êtres céleftes en vaches ; mais on voit chez toutes les nations policées & favantes la plus méprifable folie marcher à côté de la plus refpectable fageffe. Les vaiffeaux d'Enée chan-gés en nymphes chez les Romains ; la fille d'Inachus devenue vache chez les Grecs, & de vache devenue étoile, valaient bien les *Debta* changés en vaches & en hommes. Milton n'a-t-il pas, chez un peuple à jamais célèbre pour les sciences exactes, transformé notre diable en crapaud, en cormoran, en serpent ? quoique la sainte Ecriture dise positivement le contraire (*). De pareilles niaiseries eurent cours par tout, hors chez les sages Chinois & chez les Scithes, trop simples pour inventer des fables.

L'antre de Trophonius fut plus respecté en Grèce que l'académie : les augures à Rome, eurent plus de crédit que les Scipions. La fable s'établit d'abord ; ensuite vient la vérité, qui voyant la place prise est trop heureuse de trouver un azile obscur chez les sages.

ARTICLE QUATRIEME.

De la métempsycose.

LE dogme de la métempsycose suivait naturellement de la transformation des génies en vaches, & des vaches en hommes.

Des gens qui avaient été demi-dieux dans le ciel pendant des siècles innombrables ; ensuite damnés dans l'ondéra pendant quatre cent

(*) Or le serpent était le plus fin de tous les animaux.

vingt-six millions de nos années solaires ;
puis vaches douze ou quinze ans, & enfin
hommes quatre-vingts ans tout au plus, devaient bien être quelque chose, quand ils
cessaient d'être hommes. N'être rien du tout,
sembloit trop dur. Les Bracmanes croyaient De l'ame
qu'on avait une ame dans l'Inde aussi bien que chez les
par tout ailleurs, sans être plus instruits que Bracmanes
le reste du genre humain de la nature de cet
être ; sans savoir s'il est une substance ou une
qualité ; sans examiner si Dieu peut animer
la matière ; sans rechercher si, tout venant
de lui, il ne peut pas communiquer la pensée
à des organes formés par lui ; en un mot,
sans rien savoir. Ils prononçaient vaguement
& au hazard le nom d'ame, comme nous le
prononçons tous. Et puisqu'il est plus aisé à
tous les hommes d'imaginer que de raisonner,
ils se figurèrent que l'ame d'un homme de
bien pouvait passer dans le corps d'un perroquet ou d'un docteur, d'un éléphant ou d'un
raïa ; ou même retourner, animer le corps du
défunt dans le ciel sa première patrie. C'est
pour revoir cette patrie que tant de jeunes Pourquoi
veuves se sont jettées dans le bucher enflammé les veuves
de leurs maris, & souvent sans les avoir aimés. se brûlent.

On a vu dans Bénarès des difciples de Brames, & jufqu'à des Brames même, fe brûler pour renaître bienheureux. C'eft affez qu'une femme fenfible & fuperfticieufe, comme il y en a tant, fe foit jettée dans les flammes d'un bucher, pour que cent femmes l'aient imitée ; comme il fuffit qu'un Faquir marche tout nud, chargé de fers & de vermine pour qu'il ait des difciples (*).

Le dogme de la métempfycofe était d'ailleurs très-fpécieux & même un peu philofophique. Car, en admettant dans tous les animaux un principe moteur, intelligent, (chacun en raifon de fes organes) on fuppofait que ce principe intelligent étant diftingué de fa demeure, ne périffait point avec elle. Cette ame était faite pour un corps, difaient les Indiens ; donc elle ne pouvait exifter que dans un corps. Si, après la diffolution de fon étui, on ne

---

(*) Nous lifons dans la rélation des deux Arabes qui voyagerent aux Indes & à la Chine dans le neuvieme fiècle de notre ère, qu'ils virent fur les côtes de l'Inde un faquir tout nud, chargé de chaînes, ayant le vifage tourné au foleil, les bras étendus, les parties viriles enfermées dans un étui de fer, & qu'au bout de feize ans en repaffant au même endroit ils le virent dans la même pofture.

MÉTEMPSYCOSE.

lui en donne pas un autre, elle devient entièrement inutile. Il fallait en ce cas que Dieu fut continuellement occupé à créer de nouvelles ames. Il se délivrait de ce soin en fesant servir les anciennes. Il en créait de nouvelles, quand les races se multipliaient. Le calcul était bon jusques-là; mais lorsque les races diminuaient, il se trouvait une grande difficulté. Que fesait-on des ames qui n'avaient plus de logement (*)? Il n'était guères possible de bien répondre à cette objection; mais quel est l'édifice bâti par imagination humaine qui n'ait des murs qui écroulent?

La doctrine de la métempsycose eut cours dans toute l'Inde, & autant au-delà du Gange que vers le fleuve Indus. Elle s'étendit jusqu'à la Chine chez le peuple gouverné par les Bonzes; mais non pas chez les Colao & chez les Lettrés gouvernés par les loix. Pithagore, après une longue suite de siècles, l'ayant apprise dans la presqu'île de l'Inde, put à peine l'établir à Crotone. Apparemment qu'il trouva la grande Grèce attachée à d'autres fables; car chaque peuple avait la sienne.

La métempsycose embrasée par la populace à la Chine.

Les Egyptiens inventèrent une autre folie;

(*) Voyez le catéchisme des Bracmanes article 6.

ils imaginèrent qu'ils ressusciteraient au bout de trois mille ans : & même enfin trouvant le terme trop éloigné, ils obtinrent de leurs Choen, de leurs prêtres, que leurs ames rentreraient dans leurs corps après dix siècles de mort seulement. Dans cette douce espérance ils essayèrent de ne perdre de leur corps que le moins qu'ils pourraient. L'art d'embaumer devint le plus grand art de l'Egypte. Une ame, à la vérité, devait être fort embarassée de se trouver sans ses entrailles & sans sa cervelle que les embaumeurs avaient arrachées : mais les difficultés n'arrêtent jamais les systêmes. Nous avons bien eu parmi nous un philosophe qui a dit que nous ressusciterions sans derrière.

Etrange idée d'un philosophe.

Platon enfin, qui avait puisé quelques idées dans Pithagore & dans Timée de Locre, admit la métempsycose dans son livre d'une république chimérique, & dans son dialogue non moins chimérique de Phédre. Il semblerait que Virgile crut à ce systême dans son sixième chant, s'il croyait quelque chose.

Métempsycose dans Virgile.

O Pater ! anne aliquas ad cœlum hinc ire putandum est,
Sublimes animas, iterumque ad tarda reverti
Corpora ? Quæ lucis miseris tam dira cupido est ?

MÉTEMPSYCOSE.

Quel défir infenfé d'afpirer à renaître,
D'affronter tant de maux, pour le vain plaifir d'être?
De reprendre fa chaîne, & d'éprouver encor
Les chagrins de la vie & l'horreur de la mort?

On prétend que les Gaulois, les Celtes, avaient adopté la croyance de la métempfycofe, quoiqu'ils ne connuffent ni le Léthé de Virgile ni les embeaumements de l'Egypte. Céfar dit dans fes Commentaires : *Ils penfent que les ames ne meurent point, mais qu'elles paffent d'un corps à un autre. Cette idée, felon eux, infpire un courage qui fait méprifer la mort.*

Mais Céfar qui était Epicurien, ne croyant point à l'immortalité de l'ame, avait encor plus de courage que les Gaulois. Que Céfar ait eu tort, & que les Gaulois aient eu raifon, il eft toujours indubitable que les Indiens font les inventeurs de la métempfycofe, & les premiers auteurs de la théologie.

Il nous femble que c'eft au grand Thibet que la fublime folie de la métempfycofe a produit le plus grand effet. Les Lamas ont fçu perfuader aux Tartares de ce pays, que leur grand prêtre était immortel, & la populace qui croit tout le croit encore. Le fait

<small>Du grand Lama.</small>

est que les Lamas eux-mêmes étant imbus de l'idée fantasque que l'ame de leur pontife passait dans l'ame de son successeur, ils ont anté sur cette absurdité sacrée une autre folie plus respectée encor du peuple, c'est que ce grand Lama ne meurt jamais. On a vu ailleurs des opinions si bizares qu'un homme sage est en doute de savoir dans quel païs le bon sens a été le plus outragé. *Optimus ille est qui minimis urgetur.*

ARTICLE CINQUIEME.

D'une Trinité reconnue par les Brames. De leur prétendue idolâtrie.

PErsonne ne doute aujourd'hui que les Bracmanes & leurs successeurs n'ayent toujours reconnu un Dieu suprême, créateur, conservateur, rémunérateur, punisseur & miséricordieux. *Ces idolâtres*, dit le jésuite Bouchet, (*) *reconnaissent un Dieu infiniment parfait, qui existe de toute éternité, & qui renferme en soi les plus excellents attributs.*

(*) Recueil IXe. page 6.

Ensuite

TRINITÉ.

ensuite pour prouver qu'ils sont idolâtres, il dit que, selon eux, *il y a une distance infinie entre Dieu & tous les êtres, & qu'il a créé des substances intermédiaires entre lui & les hommes.* Le jésuite Bouchet n'est ni conséquent ni poli : il veut empêcher les Brames d'ériger des temples à ces êtres subalternes supérieurs à l'homme, tandis que ces Brames permettaient aux jésuites de bâtir des chapelles à Ignace & à Xavier, de baiser à genoux le prétendu cadavre de Xavier, de l'invoquer, & d'offrir de l'encens à ses os vermoulus. Certes, si on avait demandé, dans Goa, à un voyageur Chinois, quel est l'idolâtre ou de ce Jésuite ou de ce Brame, il aurait répondu, en jugeant selon les apparences, c'est ce Jésuite.

Tout le monde convient que les Brames reconnurent toujours une espèce de Trinité sous un Dieu unique. Il paraît qu'en ce point les théologiens des côtes de Malabar & de Coromandel diffèrent de ceux qui habitent vers le Gange & de l'ancienne école de Bénarès, mais où sont les théologiens qui s'accordent ? Tous admettent trois Dieux sous un seul Dieu. Ces trois Dieux sont Brama, Vishnou & Sib. Mais ces trois Dieux sont-ils des substances distinc-

Trinité indienne.

tes, ou simplement des attributs du grand Dieu créateur ? C'est sur quoi les Brames disputent.

Ils ne conviennent guères que sur le dogme de la création. Toutes les sectes & toutes les castes rassemblées une fois l'an dans le fameux temple de Jaganat, entre Orixa & le Bengale, y viennent célébrer le jour où le monde fut tiré du néant par la seule pensée de l'Eternel. C'est cette fête surtout que nos missionnaires ont appellée la grande fête du diable.

Les Bracmanes représentèrent Dieu sous trois emblêmes. Brama est le dieu créateur ; Vishnou, ou bien Vithnou, ou Bichnou, est le dieu conservateur, qui s'est incarné tant de fois ; Sib est le dieu miséricordieux. D'autres théologiens indiens très-anciens, l'appellent le dieu destructeur, tant il est difficile à ceux qui osent dogmatiser sur la nature divine, de s'accorder ensemble.

Nous n'avons pas assez de monuments de l'antiquité pour oser affirmer que l'Isis, l'Osiris & l'Horus des Egyptiens soient une copie de la Trinité indienne. Nous ne déciderons pas si les trois frères Jupiter, Neptune & Pluton, qui se partagèrent le monde, sont une fable imitée d'une autre fable. Nous répéterons seu-

ARTICLE SIXIEME.

Du Catéchisme Indien.

MR. Dow nous assure que les Bracmanes eurent depuis quatre mille ans un catéchisme, dont voici la substance. C'est un entretien entre la Raison humaine, qu'ils appellent *Narud*, & la Sagesse de Dieu, qu'ils nomment *Brim* ou *Bram*.

La Raison.

O premier né de Dieu! on dit que tu créas le monde. Ta fille la Raison, étonnée de tout ce qu'elle voit, te demande comment tout fut produit?

La Sagesse divine.

Mon fils, ne te trompe pas: ne pense point que j'aye créé le monde indépendamment du premier moteur. Dieu a tout fait. Je ne suis que l'instrument de sa volonté. Il m'appelle pour exécuter ses desseins éternels.

La Raison.

Que dois-je penser de Dieu?

La Sagesse divine.

Qu'il est immatériel, incompréhensible, invisible, sans forme, éternel, tout-puissant, qu'il connaît tout, qu'il est présent par tout.

La Raison.

Comment Dieu créa-t-il le monde?

La Sagesse divine.

La volonté demeura dans lui de toute éternité : elle était triple ; créatrice, conservatrice, exterminante..... Dans une conjonction des destins & des tems, la volonté de Dieu se joignit à sa bonté, & produisit la matière. Les actions opposées de la volonté qui crée, & de la volonté qui détruit, enfantèrent le mouvement qui naît & qui périt. (*) Tout sortit de Dieu, & tout rentrera dans Dieu.... Il dit au *sentiment*, vien ; & il le logea chez tous les animaux ; mais il donna la réflexion à l'homme pour l'élever au-dessus d'eux.

La Raison.

Qu'entends-tu par le sentiment?

La Sagesse divine.

C'est une portion de la grande ame de l'univers ; elle respire dans toutes les créatures pour un tems marqué.

(*) Nous passons quelques lignes, de peur d'être longs & obscurs.

INDIEN.

La Raison.

Que devient-il après leur mort?

La Sagesse divine.

Il anime d'autres corps, ou il se replonge, comme une goutte d'eau, dans l'océan immense dont il est sorti.

La Raison.

Les ames vertueuses seront-elles sans récompense, & les criminelles sans punition?

La Sagesse divine.

Les ames des hommes sont distinguées de celles des autres animaux. Elles sont raisonnables. Elles ont la conscience du bien & du mal. Si l'homme fait le bien, son ame, dégagée de son corps par la mort, sera absorbée dans l'essence divine, & ne ranimera plus un corps de terre. Mais l'ame du méchant restera revêtue des quatre élémens; & après qu'elles auront été punies, elles reprendront un corps; mais si elles ne reprennent leur première pureté, elles ne seront jamais absorbées dans le sein de Dieu.

La Raison.

Quelle est la nature de cette infusion dans Dieu même?

CATÉCHISME

La Sageſſe divine.

C'eſt une participation à l'Eſſence ſuprême: on ne connaît plus les paſſions: toute l'ame eſt plongée dans la félicité éternelle.

La Raiſon.

O ma mère! tu m'as dit que ſi l'ame n'eſt parfaitement pure, elle ne peut habiter avec Dieu. Les actions des hommes ſont tantôt bonnes, tantôt mauvaiſes. Où vont toutes ces ames mi-parties, immédiatement après la mort?

La Sageſſe divine.

Elles vont ſubir, dans l'ondera, pendant quelque tems des peines proportionnées à leurs iniquités. Enſuite elles vont au ciel, où elles reçoivent *quelque tems* la récompenſe de leurs bonnes actions; enfin elles rentrent dans des corps nouveaux.

La Raiſon.

Qu'eſt-ce que le tems, ma mère?

La Sageſſe divine.

Il exiſte avec Dieu pendant l'éternité; mais on ne peut l'appercevoir & le compter que du point où Dieu créa le mouvement qui le meſure.

Tel est ce catéchisme, le plus beau monument de toute l'antiquité. Ce sont là ces idolâtres auxquels on a envoyé, pour les convertir, le jésuite Lavaur, le jésuite St. Estevan, & l'apostat Norogna (*).

Au reste, le lieutenant-colonel Dow, & le sous-gouverneur Holwell, ayant gratifié l'Europe des plus sublimes morceaux de ces anciens livres sacrés, ignorés jusqu'à présent, nous sommes bien éloignés de soupçonner leur véracité sous prétexte qu'ils ne sont pas d'accord sur des objets très-futiles, comme sur la maniere de prononcer Shasta-bad, ou Shastra-beda, & si *Beda* signifie science ou livre. Souvenons-nous que nous avons vu nier dans Paris les expériences de Newton sur la lumière, & lui faire des objections plus frivoles.

(*) Voyez l'article 15 de la première partie.

ARTICLE SEPTIEME.

Du Baptême Indien.

IL n'est pas surprenant qu'un fleuve aussi bienfaisant que le Gange ait été regardé comme un don de Dieu, qu'il ait été réputé sacré, & qu'enfin ont ait imaginé que ses eaux qui lavaient & rafraichissaient le corps, en pussent faire autant à l'ame. Car tous les peuples de l'antiquité sans exception, fesaient de l'ame une figure légère enfermée dans son logis. Et qui nétoyait l'un, nétoyait l'autre.

Le bain expiatoire & sacré du Gange passa bientôt vers le fleuve Indus, ensuite vers le Nil, & enfin vers le Jourdain. Les prêtres juifs, imitateurs en tout des prêtres d'Egypte leurs maîtres & leurs ennemis, eurent des jours de bain comme eux. Les Isiaques ne pouvaient se baptiser, se plonger toujours dans le Nil à cause des crocodiles, & les Lévites d'Hershalaïm, que nous nommons Jérusalem, étant éloignés dans leur petit païs d'une cinquantaine de milles du Jourdain, se plongeaient comme les prêtres Iſiaques dans de grandes cuves. Les prêtres de Babilone, de Sirie, de Phénicie en feſaient autant.

Nous avons remarqué ailleurs que les juifs avaient chez eux deux baptêmes. L'un était le baptême de juſtice pour ceux qui voulaient ajouter cette cérémonie à celle de la circonciſion. L'autre était le baptême des proſélites pour les étrangers, pour leurs eſclaves quand ils n'étaient pas eſclaves eux-mêmes, & qu'ils en avaient quelques-uns qui voulaient embraſſer la religion juive. On les circonciſait, & enſuite on les plongeait nuds ou dans le Jourdain, ou dans des cuves. On plongeait auſſi des femmes nues, & trois prêtres étaient chargés de les baptiſer. Enfin, l'on ſait comment notre religion ſanctifia cet antique uſage, & appoſa le ſceau de la vérité à ces ombres.

ARTICLE HUITIEME.

Du Paradis terrestre des Indiens, & de la conformité apparente de quelques-uns de leurs contes avec les vérités de notre Sainte Ecriture.

ON dit que dans la foule de ces opinions théologiques, quelques Brames ont admis une espèce de paradis terrestres; cela n'est pas étonnant. Il n'y a point de pays au monde où les hommes n'ayent vanté le passé aux dépends du présent. Par tout on a regretté un tems où les hommes étaient plus robustes, les femmes plus belles, les saisons plus égales, la vie plus longue, & la lune plus lumineuse.

Si nous en croyons le jésuite Bouchet, les Indiens eurent leur jardin *Chorcam*, comme les juifs avaient eu leur jardin d'*Eden*. C'est à ce jésuite à voir si les Bracmanes avaient été les plagiaires du Pentateuque, ou s'ils s'étaient rencontrés avec lui, & quel est le

(†) Le Bengale est appellé paradis terrestre dans tous les rescrits du grand Mogol & des Souba.

PARADIS, &c. 45

plus ancien peuple, celui des vastes Indes, ou celui d'une partie de la Palestine. (†)

Il prétend que Brama est une copie d'Abraham, parce qu'Abraham s'était appellé Abram en première instance, & qu'Abram est évidemment l'anagrame de Brama.

Vishnou est, selon lui, Moïse; quoiqu'il n'y ait pas le moindre rapport entre ces deux personnages, & qu'il soit difficile de trouver l'anagrame de Moïse dans Vishnou.

A-t-il plus heureusement rencontré avec le fort Samson, qui assembla un jour trois-cent renards, les attacha tous par la queue & leur mit le feu au derrière, moyennant quoi toutes les moissons des Philistins, dont il était l'esclave, furent brulées? (*)

Le révérend père *Bouchet* affirme dans sa lettre à *Monseigneur Huet*, ancien Evêque d'Avranches, qu'une espèce de dieu ou de génie ayant la guerre contre le roi de Serindib, Ceilan. leva contre lui une armée de singes, & ayant

(*) A Rome le peuple se donnait tous les ans le plaisir de faire courir dans le cirque quelques renards, à la queue desquels on attachait des brandes. Bochard l'étimologiste ne manque pas de dire que c'était une commémoration de l'avanture de Samson, très-célébre dans l'ancienne Rome.

mis le feu à leurs queues brûla toute la canelle & tout le poivre de l'île.

Notre Bouchet ne doute pas que les queues des renards n'aient formé les queues de ces singes.

C'est ainsi qu'aux Indes, en Perse, à la Chine on lit mille histoires à peu près semblables aux nôtres, non-seulement sur les choses de la religion, mais en morale, & même en fait de romans. Le conte de la matrone d'Ephèse, celui de Joconde, sont écrits dans les plus anciens livres orientaux.

<small>Amphitrion dans l'Inde.</small>

On trouve l'avanture d'Amphitrion parmi les plus vieilles fables des Bracmanes. Il y a même, ce me semble, plus de sagacité dans le dénouement de l'avanture indienne que dans celui de la grecque. Un homme d'une force extraordinaire avait une très-belle femme ; il en fut jaloux, la battit & s'en alla. Un égrillard de dieu, non pas un Brama ou un Vishnou, mais un dieu du bas étage & cependant fort puissant, fait passer son ame dans un corps entierement semblable à celui du mari fugitif, & se présente sous cette figure à la dame délaissée. La doctrine de la métempsycose rendait cette supercherie vraisemblable. Le dieu amoureux demande pardon à sa prétendue femme de ses emportements, obtient sa grace, couche avec elle, lui fait un enfant & reste le maître de la maison. Le mari repentant, & toujours amoureux de sa femme, revient se jetter à ses pieds : il trouve un autre lui-même établi chez lui. Il est traité par cet autre d'imposteur & de sorcier. Cela forme un procès tout semblable à celui de notre Martinguère. L'affaire se plaide devant un juge plus ingénieux que le bailli qui s'est trompé dans le procès de Mr. de Morangies. Ce juge était un Bracmane qui devina tout d'un coup que l'un des deux maîtres de la maison était une dupe & que l'autre était un dieu. Voici comme il s'y prit pour faire connaître le véritable mari. Votre époux, Madame, dit-il, est le plus robuste de l'Inde. Couchez avec les deux parties l'une après l'autre en présence de notre parlement indien. Celui des deux qui aura fait éclater les plus nombreuses marques de valeur sera sans doute votre mari. Le mari en donna douze. Le fripon en donna cinquante. Tout le parlement brame décida que l'homme aux cinquante était le vrai possesseur de la Dame. Vous vous trompez tous, répondit le premier préfident. L'homme aux douze eft un héros; mais il n'a pas paffé les forces de la nature humaine : l'homme aux cinquante ne peut être qu'un dieu qui s'eft moqué de nous. Le dieu avoua tout, & s'en retourna au ciel en riant.

De pareils contes dont l'Inde fourmille, ont du moins cela de bon qu'ils peuvent tenir une nation entière dans une douce joye, ainfi que les métamorphofes recueillies & embellies par Ovide. Ils n'excitent point de querelles, & la moitié d'un peuple ne perfécute point l'autre pour la forcer à croire que la fable des deux maris indiens eft prife des deux Amphitrions, & des deux Sofies.

ARTICLE NEUVIEME.

Du Lingam, & de quelques autres fuperftitions.

ON nous a envoyé des Indes un petit Lingam d'une efpèce de pierre de touche. Il eft expofé à la vue de tout le monde, & n'a jamais effarouché les yeux de perfonne;

foit

LINGAM.

soit que sa petitesse ne puisse faire une impression dangereuse, soit qu'on le regarde comme un simple objet de curiosité. On nous a assuré que la plupart des dames indiennes ont de ces petites figures dans leurs maisons, comme on avait des *Phallus* en Egypte & des Priapes à Rome.

Les parties naturelles de l'homme sont visibles dans toutes nos statues antiques & dans mille modernes. La plus belle fontaine de Bruxelles est un enfant de bronze admirablement sculpté par François Flamand : il pisse continuellement de l'eau, & les dames lui donnent un bel habit & une perruque le jour de sa fête. On fait plus : l'enfant Jésu est représenté avec cette partie dans un grand nombre d'églises catholiques, sans que jamais personne se soit avisé ni d'être scandalisé de cette nudité, ni d'en faire une raillerie indécente. Le Lingam est presque toujours représenté chez les Indiens, dans l'attitude de la propagation, & par conséquent serait parmi nous un objet obscène & abominable. Cette figure est révérée dans plusieurs de leurs temples. Il y a même, nous dit-on, des filles que leurs mères y conduisent pour lui offrir leur virginité, avant d'être mariées ; quelques-

D

LINGAM.

unes, dit-on, par le besoin d'une opération physique, quelques autres par dévotion.

Nous avons toujours présumé que le culte du Lingam dans l'Inde, celui du Phallus en Egypte, celui même de Priape à Lampsaque ne put être l'effet d'une débauche effrontée ; mais bien plutôt de la simplicité & de l'innocence. Dès que les hommes surent tailler des figures, il est très naturel qu'ils consacrassent à la divinité ce qui perpétuait l'humanité. Nous répéterons ici qu'il y a plus de piété, plus de reconnaissance à porter en procession l'image du Dieu conservateur que du Dieu destructeur ; qu'il est plus humain d'arborer le symbole de la vie que l'instrument de la mort, comme fesaient les Scythes qui adoraient une épée, & à peu près comme nous fesons aujourd'hui dans notre occident, en insultant Dieu dans nos temples, où nous entrons armés comme si nous allions combattre, & où quelques Evê-

(*) *Sed quid hoc dicam ? cùm ibi sit à Priapus nimius masculus super cujus immanissimum & turpissimum fas unum nova Nupta sedere jubeatur, more honestissimo & relligiosissimo matronarum.*

Giri traduit : « Mais que dis-je ? on trouve en ce lieu là même un autre dieu que l'on nomme mâle par excellence. C'est ce dieu dont un objet infâme, ayant

ques d'Allemagne célébrent une fois l'an la messe l'épée au côté.

Saint Augustin nous instruit que dans Rome on fesait quelquefois asseoir la mariée sur le sceptre énorme de Priape (*). *De civitate Dei. Lib. VI. cap. IX.*

Ovide ne parle point de cette cérémonie dans ses fastes ; & nous ne connaissons aucun auteur romain qui en fasse mention. Il se peut que la superstition ait ordonné cette posture à quelques femmes stériles. Nous ne voyons pas même que les Romains ayent jamais érigé un temple à Priape. Il était regardé comme une de ces divinités subalternes dont on tolérait les fêtes plutôt qu'on ne les approuvait. Nous avons dans nos provinces un Saint, dont nous n'osons écrire le nom monosyllabe, à qui plus d'une femme a quelquefois adressé ses prières. Le dieu Priape, le dieu Jugatin qui unissait les époux, le Subjugant, *Mater-prema*, qui empêchait la matrice de faire la difficile;

» comme ces idolâtres croyaient, la force d'empêcher
» la malignité des charmes : c'était une coutume reçue
» avec tant de religion & de chasteté, parmi les honnêtes
» femmes d'y faire asseoir l'épousée «. Il est difficile de traduire plus infidélement, plus obscurément, plus mal. On croit avoir en français une traduction de la Cité de Dieu, & on n'en a point.

la *Pertunda*, qui préfidait au devoir conjugal; tous ces magots, tous ces pénates n'étaient point regardés comme des dieux. Ils n'avaient point de place dans le Panthéon d'Agrippa, non plus que *Rumilia* la Déeffe des tétons; *Stercutius* le dieu de la chaife-percée, & *Crepitus* le dieu Pet. Cicéron ne s'abbaiffe point à citer ces prétendues divinités dans fon livre *de la nature des dieux*, dans fes *Tufculanes*, dans fa *Divination*. Il faut laiffer à la populace fes amufements, fon faint Ovide, qui reffufcite les petits garçons, & fon faint *Rabboni*, qui r'abonnit les mauvais maris, ou qui les fait mourir au bout de l'année.

Il eft vraifemblable que le Lingam indien, & le Phallus égyptien furent autrefois traités plus férieufement chez des nations qui exiftaient tant de fiècles avant Rome. L'amour, fi néceffaire au monde, & qui eft l'ame de la nature, n'était point une plaifanterie comme du tems de Catulle & d'Horace. Les premiers grecs fur-tout en parlèrent avec refpect. Les poëtes étaient fes prophètes. Héfiode, en appellant Vénus l'*Amante de la génération*, (*philometa*) révère en elle la fource des êtres.

On a prétendu qu'*Aftaroth*, chez les Syriens, était autrefois le même que le Priape de Lampsaque. Chez les Indiens, ce ne fut jamais qu'un symbole. On y attache encor quelque superstition, mais on ne l'adore pas. Ce mot d'*adorer*, employé par quelques compilateurs, est la prophanation d'un mot consacré à l'Etre des êtres.

On demande pourquoi ce symbole existe encor dans quelques endroits des côtes de Malabar & de Coromandel? C'est qu'il exista. Les habitans de ces climats conservèrent longtems cette simplicité grossière qui ne sait ni rougir ni railler de la nature. Les femmes indiennes n'ont jamais eu de commerce avec les Européans. La malignité des peuples éclairés rit d'un tel usage; l'innocence le voit impunément. Il paraît qu'une telle coutume a dû s'établir d'autant plus aisément, que l'adultère, ce vol domestique, ce parjure dont nous nous moquons, fut longtems inconnu dans l'Inde, & que la vie retirée des femmes le rend encor aujourd'hui extrêmement rare. Ainsi, ce qui ne nous paraît qu'un signe honteux de la débauche, n'était pour eux que le signe de la foi conjugale.

Qu'il nous soit permis de répéter ici que

си dans presque toutes les religions il y eut des usages atroces, si on fit couler le sang humain pour apaiser le ciel, il n'y eut jamais de fêtes instituées par les magistrats pour favoriser le libertinage. Il se mêle bientôt aux fêtes, mais il n'en fut jamais l'objet. Les excès des orgies de Bacchus à la fin réprimés par les loix, n'avaient pas certainement été ordonnés par les loix. Au contraire, les prêtresses de Bacchus dans Athènes juraient d'*observer la chasteté & de ne point voir d'hommes.* (*) Par tout les prêtres voulurent être terribles, mais nulle part méprisables. Les plus infames débauches accompagnèrent souvent nos pélérinages, & n'étaient point commandées.

Nous avons une ordonnance de 1671, renouvellée en 1738, par laquelle il est défendu sous peine des galeres d'aller à Notre-Dame de Lorette & à St. Jaques en Galice, sans une permission expresse signée d'un secrétaire d'état. Ce n'est pas que les chapelles de St. Jaques & de la Vierge aient été instituées pour le libertinage.

(*) Démosthène dans son plaidoyer contre Nécera.

ÉPREUVES.

ARTICLE DIXIEME.

Épreuves.

CEs épreuves d'un pain d'orge, qu'on mange sans étouffer; de l'eau bouillante, dans laquelle on enfonce la main sans s'échauder; le plongement dans la rivière sans se noyer; une barre de fer rouge qu'on touche, ou sur laquelle on marche sans se brûler; toutes ces manières de trouver la verité, tous ces jugements de Dieu, si usités autrefois dans notre Europe, ont été & sont encor communs dans l'Inde. Tout vient d'orient, le bien & le mal. Il n'est pas étonnant que pour découvrir les crimes secrets, pour effrayer les coupables, & pour manifester l'innocence accusée, on ait imaginé que Dieu même interromprait les loix de la nature. On se permit du moins cet artifice. Si tu es coupable, avoue; ou Dieu va te punir. Cette formule pouvait être un frein au crime chez le peuple grossier.

L'épreuve la plus commune dans l'Inde était l'eau bouillante; si l'accusé en retirait sa main

Epreuves dans l'Inde

saine, il était déclaré innocent. Il y a plus d'une manière de subir cette épreuve impunément. On peut remplir le vase d'eau bouillante & d'huile froide qui surnage. On peut avoir un vase à double fond, dans lequel l'eau froide sera séparée en haut de l'eau qui bouillira dans la partie inférieure. On peut s'endurcir la peau par des préparations ; & les charlatans vendaient chèrement ces secrets aux accusés. Le plongement dans une rivière était trop équivoque. Il est trop clair qu'on surnage, quand on est lié par des cordes qui font, avec le corps, un volume moins pesant qu'un pareil volume d'eau. Manier un fer brûlant était plus dangereux, mais aussi beaucoup plus rare. Passer rapidement entre deux buchers, n'était pas un grand risque : on pouvait tout au plus bruler ses cheveux & ses habits.

Epreuves chez les Juifs.

Ces épreuves sont si évidemment le fruit du génie oriental, qu'elles vinrent enfin aux Juifs. Le Vaiedabber, que nous appellons les Nombres, nous apprend qu'on institua dans le désert l'épreuve des eaux de jalousie. Si un mari accusait sa femme d'adultère, le prêtre fesait boire à la femme d'une eau chargée de malédictions, dans laquelle il jettait un peu de poussière ramassée sur le pavé du tabernacle, c'est-à-dire probablement sur la terre; car le tabernacle composé de pieces de raport, & porté sur une charette ne pouvait gueres être pavé. Il disait à la femme: *si vous êtes coupable, votre cuisse pourira, & votre ventre crevera.* On remarque que dans toute l'histoire juive il n'y a pas un seul exemple d'une femme soumise à cet épreuve; mais ce qui est étrange, c'est que dans l'évangile de St. Jaques il est dit, que St. Joseph & la Ste. Vierge furent condamnés tout deux à boire de cette eau de jalousie, & que tout deux en ayant bu impunément, St. Joseph reprit son épouse, dont il s'était séparé après les premiers signes de sa grossesse. L'évangile de St. Jaques, quoiqu'intitulé *premier évangile*, fut à la verité rayé du catalogue des livres canoniques: il est proscrit; mais en quelque tems qu'il ait été composé, c'est un monument qui nous apprend que les Juifs conservèrent très-longtems l'usage de ces épreuves.

Nous ne voyons point qu'aucun peuple de l'Asie ait jamais adopté les jugements de Dieu par l'épée, ou par la lance. Ce fut une coutume inventée par les Sauvages qui détrui-

<small>Epreuves par le duel.</small>

firent l'Empire romain. Ayant adopté le christianisme, ils y mêlèrent leurs barbaries. C'était une jurisprudence bien digne de ces peuples, que le meurtre devint une preuve de l'innocence, & qu'on ne pût se laver d'un crime que par en commettre un plus grand. Nos Evêques consacrèrent ces atrocités : nos parlements les ordonnèrent, comme on ordonne un *Apointé à mettre*. Nos rois en firent le divertissement solemnel de leurs cours gothiques. Nous avons remarqué que ces jugements de Dieu furent condamnés à la cour de Rome, plus sage que les autres & plus digne alors de donner des loix dans tout ce qui ne touchait pas à son intérêt. Nous avons traité ailleurs cette matière (*). Nous ne ferons ici qu'une réflexion. Comment l'erreur, la démence & le crime, ayant presqu'en tout tems gouverné la terre entière, les hommes ont-ils pu cependant inventer & perfectionner tant d'arts merveilleux, faire de bonnes loix parmi tant de mauvaises, & parvenir à rendre la vie non-seulement tolérable dans tant de campagnes, mais agréables dans tant de grandes villes; depuis

___

(*) Essai sur l'Histoire générale des mœurs & de l'esprit des nations, chap. 22.

Méaco, la capitale du Japon, jusqu'à Paris, Londres & Rome ? La véritable raison est, à notre avis, l'instinct donné à l'homme. Il est poussé, malgré lui, à s'établir en société, à se procurer le nécessaire & ensuite le superflu; à réparer toutes ses pertes & à chercher ses commodités; à travailler sans-cesse soit à l'utile, soit à l'agréable. Il ressemble aux abeilles : elles se font des habitations commodes, on les détruit, elles les rebâtissent; la guerre souvent s'allume entre elles ; mille animaux les dévorent : cependant la race se multiplie; les ruches changent; l'espèce subsiste impérissable. Elle fait par tout son miel & sa cire, sans que les abeilles de Pologne viennent d'Egypte, ni que celles de la Chine viennent d'Italie.

ARTICLE ONZIEME.

De l'histoire des Indiens jusqu'à Timur ou Tamerlan.

Jusqu'où l'insatiable curiosité de l'esprit Européan s'est-elle portée ? Du tems de Tite-Live c'était être savant de connaître l'histoire de la République romaine, & d'avoir quelque teinture des auteurs grecs. Cette nouvelle passion des archives n'a peut-être pas six-mille ans d'antiquité ; quoique Platon dise en avoir vu de dix-mille ans. Les hommes ont été très-longtems comme tous nos rustres qui, entièrement occupés de leurs besoins & de leurs travaux toujours renaissants, ne s'embarassent jamais de ce qui s'est fait dans leurs chaumières cinquante ans avant eux. Croit-on que les habitans de la Forêt-noire soient fort curieux de l'antiquité, & que les quatre villes forestières ayent beaucoup de monumens ? La passion de l'histoire est née, comme toutes les autres, de l'oisiveté. Maintenant qu'il faut entasser dans sa tête les révolutions des deux mondes, maintenant qu'on veut connaître à fond les négres d'Angola & les Samoïèdes, le Chili & le Japon; la mémoire succombe sous le poids immense dont la curiosité l'a chargée. Le lieutenant-colonel Dow s'est donné la peine de traduire en sa langue une partie d'une histoire de l'Inde composée dans Déli même par le persan Cassim Féristha, sous les yeux de l'Empereur de l'Inde Jehan-guir, au commencement de notre dix-septieme siècle.

Cet écrivain persan, qui paraît un homme d'esprit & de jugement, commence par se défier des fables indiennes, & principalement de leurs quatre grandes périodes qu'ils appellent Jog, dont la premiere, dit-il, fut de quatorze millions, quatre-cent-mille années; pendant laquelle chaque homme vivait cent-mille ans; alors tout était sur la terre vertu & félicité.

<small>Histoire de l'Inde par Féristha.</small>

Le second Jog ne dura que dix-huit-cent-mille ans. Il n'y eut alors que les trois-quarts de vertu & de bonheur de ce qu'on en avait eu dans la première période; & la vie des hommes ne s'étendit pas au-delà de cent siècles.

Le troisieme Jog ne fut que de soixante & douze mille ans. La vertu & le bonheur furent réduits à la moitié, & la vie de l'homme à dix siècles.

Le quatrieme Jog fut racourci jusqu'à trente-six-mille ans, & le lot des hommes fut un quart de vertu & de bonheur, avec trois-quarts de méchancetés & de misères : aussi les hommes ne vécurent plus qu'environ cent ans, & c'est jusqu'à présent leur condition. Ce conte allégorique est probablement le modèle des quatre Ages, d'or, d'argent, de cuivre & de fer. Ces origines sont bien éloignées de celles des Caldéens, des Chinois, des Egyptiens, des Persans, des Scythes, & surtout de notre Sem, de notre Cham & de notre Japhet. Nos étrennes mignonnes ne ressemblent en rien aux almanachs de l'Asie.

Si l'auteur persan Féristha avait pris pour une histoire de l'Inde l'ancienne fable morale des quatre Jog, ce serait comme si Thucidide avait commencé l'histoire de la Grèce à la naissance de Vénus & à la boëte de Pandore.

Mr. Dow remarque que ce persan ne savait pas la langue du Hanscrit, & que par conséquent l'antiquité lui était inconnue.

Tems fabuleux partout. Après les tems fabuleux chez toutes les nations, viennent les tems historiques ; & cet historique est encor par tout mêlé de fables. Ce sont chez les grecs les travaux d'Hercule, la toison d'or, le cheval de Troye. Les romains ont le viol & la mort de Lucrèce; l'avanture de Clélie & de Scévola; le vaisseau qu'une Vestale tire sur le sable avec sa ceinture; le pontife Névius qui coupe un caillou avec un razoir. Tous nos peuples barbares germains, gaulois, habitans de la Grande-Bretagne fesaient des miracles avec le gui de chêne; les Bretons descendaient de Brutus fils cadet d'Enée; leur roi Vortiger étoit sorcier. Un prétendu roi de France, nommé Childéric s'enfuyait en Allemagne qui n'avait point de rois; & là il enlevait au roi Bazin la reine sa femme Bazine. Un ange descendait du ciel, on ne sait pas bien précisément de quelle partie, pour apporter un étendart au sicambre Hildovic. Un pigeon descendait aussi du ciel, & lui apportait dans son bec une petite phiole d'huile. Les Espagnols, mêlés d'anciens Tiriens & ensuite d'Affriquains, de Juifs, de Romains, de Vandales, de Gots & d'Arabes venaient pourtant en droite ligne de Japhet par Tubal fils d'Ibérus. Hispan appella le pays Espagne. Lusus, fils d'Elie, fonda le royaume de Lusitanie qui est aujourd'hui le Portugal; mais ce fut Ulisse qui bâtit Lisbonne.

Tems historiques & fabuleux partout.

Parcourez toutes les nations de l'univers, vous n'en trouverez pas une dont l'histoire ne commence par des contes dignes des quatre fils Aymon, & de Robert-le-diable. Féristha senti bien ce ridicule universel, & son traducteur anglais le sent encor mieux.

Ce qu'il y a de pis, c'est que le savant Féristha ne nous apprend ni les mœurs, ni les loix, ni les usages du pays dont il parle, & dans lequel il vivait.

Nous n'avons vu dans toute son histoire qu'un roi juste; il se nommait Biker-mugit. Les poëtes de son tems disaient que l'aiman n'osait attirer le fer, & l'ambre n'osait s'attacher à la paille sans sa permission.

Livre I. page 15.

Ce qu'il rapporte, peut-être de plus curieux, c'est qu'il a trouvé d'anciens mémoires qui confirment ce que les persans disent de leur héros Rustan; qu'il conquit l'Inde environ douze cent ans avant notre ère vulgaire.

Cette découverte prouve ce que nous avons dit, que l'Inde, ainsi que l'Egypte, appartint toujours à qui voulut s'en emparer. C'est le sort de presque tous les climats heureux.

Feristha page 24.

La chronologie est très-bien observée par cet auteur; il semble qu'il ait prévu la réforme
que

que le grand Newton a faite à cette science. Newton & Féristha s'accordent dans l'époque de Darius fils d'Histaphe & dans celle d'Alexandrie.

L'auteur persan dit qu'Alexandre devenu roi de Perse ne fit la guerre à Porus que sur le refus de ce prince Indien de payer le tribut ordinaire qu'il devait aux rois de Perse. Ce Porus, que d'autres nomment *Por*; il l'appelle *For*, qui était probablement son véritable nom ; mais il ne dit point, comme Quinte-Curse, qu'Alexandre rendit son royaume au roi vaincu : au contraire il assure que Porus, ou For, périt dans une grande bataille. Il ne parle point de Taxile ; ce n'est point un nom Indien. Féristha ne dit rien de l'invasion de Gengiskan, qui probablement ne fit que traverser le nord de l'Inde : mais il dit qu'avant la conquête de cette vaste région par Tamerlan, un prince Persan dans neuf expéditions en rapporta vingt-mille livres pesant de diamans & de pierres précieuses. C'est une exagération sans-doute : elle prouve seulement que les conquérants n'ont jamais été que des voleurs heureux, & que ce prince persan avait volé les Indiens neuf fois.

D'Alexandre.

E

Il rapporte encor qu'un capitaine d'un autre brigand ou Sultan perfan réfidant à Déli, ayant conduit un détachement de fon armée dans le Bengale, à Golconde, au Décan, au Carnate, où font aujourd'hui Madras & Pondichéri, revint préfenter à fon maître trois-cent-douze éléphans chargés de cent-millions de livres fterling en or. Et le lieutenant-colonel Dow, qui fait ce que de fimples officiers de la compagnie des Indes ont gagné dans ces pays, n'eft point étonné de cette fomme incroyable.

Sources des richeffes de l'Inde.

L'Inde n'a prefque point de mines métalliques. Ces tréfors ne venaient que du commerce des pierres précieufes & des diamans du Bengale, des épiceries de l'île de Sérindib, & de mille manufactures, dont le génie des Bracmanes avait enfeigné l'art aux peuples fédentaires, patients & appliqués, dans le midi de ces contrées, depuis Surate & Bénarès jufqu'à l'extrêmité de Sérindib, fous l'équateur.

Les barbares, vomis de Candahar, de Caboul, du Sableftan avaient, fous le nom de Sultans, ravagé le féjour paifible de l'Inde dès l'an 975 de notre ère jufques vers 1420, quand le tartare Timur vint fondre fur eux, comme un vautour fur d'autres oifeaux carnaffiers.

C'était le tems où notre Europe occidentale n'avait presqu'aucun commerce avec l'Orient. C'était la fin du grand schisme, aussi ridicule qu'affreux qui désola l'Italie, l'Allemagne, l'Angleterre, la France & l'Espagne, pour savoir lequel de trois fripons serait reconnu pour le Vicaire infaillible de Dieu. C'était l'époque où un roi, devenu fou, deshérita son fils pour donner le royaume de France à un étranger son vainqueur. Nos contrées alors barbares par les mœurs & par l'ignorance, avaient leurs malheurs de toute espèce, comme la riche Asie avait les siens.

ARTICLE DOUZIEME.

De l'histoire indienne depuis Tamerlan jusqu'à Mr. Holwell.

Nous avons été étonnés que notre auteur Persan n'ait fait qu'une mention courte, froide & séche de ce Tamerlan, fondateur du trône des Mogols. Apparemment qu'il n'a pas voulu répéter ce qu'en avaient dit Abulcasi & le persan Mirkond. Il épargne ses lecteurs.

Une telle retenue est bien contraire à la profusion de nos Européans qui répétent tous les jours ce qu'on a publié cent fois, & qui, pour notre malheur, ne répétent souvent que des fables.

Qui était Tamerlan.

Fériſtha nous apprend du moins que le tyran Tamerlan, après avoir vaincu la Perſe, vint combattre ſous les murs de Déli un tyran nommé Mahmoud, qu'on dit fou & auſſi méchant que lui, & qui opprima les peuples pendant vingt années. Tamerlan vengea l'Inde de ce brigand couronné : mais qui la vengea de Tamerlan ? Quel droit avait ſur les terres de l'Indus & du Gange un tartare, un obſcur Mirza d'un petit deſert nommé Kech, ou Cash ? Il exerça d'abord ſes brigandages vers

Ire. partie Art. IX.

Caboul comme nous avons vu Abdala commencer les ſiens, après avoir volé quelques beſtiaux à ſes hordes voiſines, & comme a commencé Sha-Nadir. Bientôt il ravagea la moitié de la Perſe. On l'eut empallé, s'il eut été pris : ſes vols furent heureux, & il fut roi. On dit qu'il entra dans Hiſpaan, & qu'il en fit égorger tous les citoyens : enfin il ſoumit tous les peuples depuis le nord de la mer d'Hircanie juſqu'à Ormus.

TAMERLAN.

La raison de tous ses succès n'est pas qu'il
fut plus brave que tant de capitaines qui
le combattirent ; mais il avait des troupes plus en-
durcies aux fatigues & mieux disciplinées
que celles de ses voisins : mérite, qui, après
tout, n'est pas plus grand que celui d'un cha[sseur]
qui a de meilleurs chiens qu'un autre ; m[ais]
mérite qui donna presque toujours la vi[c]-
toire & l'empire.

C'est Tamerlan qui arrêta un moment
les invasions des Turcs dans l'Europe, l[ors]
qu'il prit Bajazet prisonnier dans la célèbre [ba]-
taille d'Ancire. Il est arrivé en Angleterre, p[ar]
une singuliere fantaisie, qu'un poëte de c[omé]-
dien ayant composé une tragédie sur Tame[r]-
lan et Bajazet, dans laquelle Tamerlan est [reg]-
ardé comme un libérateur, & Bajazet comme
un tyran, les anglais font jouer tous les ans
cette tragédie le jour où l'on célebre le couro[nne]-
ment du roi Guillaume III, prétendant [que]
que Tamerlan est Guillaume, & que Bajazet e[st]
est Jacques second. Il est clair cependant q[ue]
que Tamerlan est encor plus usurpateur que Ba[jazet]
Bajazet.

Ce héros du vulgaire, dévastateur d'u[ne]
une grande partie du monde, conquit la part[ie]

E iij septen-

TAMERLAN.

ntrionale de l'Inde jusqu'à Lahor & jusqu'
'au Gange par lui ou par ses fils en très-
eu d'années. Féristba assure qu'ayant pris dans
cent mille captifs, il les fit tous égorger :
juge par là du reste. La conquête n'était
difficile : il avait à faire à des Indiens ;
'out était partagé en factions. La plûpart
es invasions subites, qui ont changé la
le la terre, furent faites par des loups
traient dans des bergeries ouvertes. Il est
z connu que lorsqu'une nation aisément
par un peuple étranger, c'est parce
e était mal gouvernée.
teur persan qui raconte brièvement une
les victoires de Tamerlan, & qui
saisi d'horreur à toutes ses cruautés,
point d'accord avec les autres écrivains
ne infinité de circonstances. Rien ne nous
ve mieux combien il faut se défier de
les détails de l'histoire. Nous ne manquons
s en Europe d'auteurs qui ont copié au
ard des écrivains asiatiques plus ampoulés
e vrais, comme ils le sont presque tous.
Parmi ces énormes compilations nous avons
itroduction à *l'histoire générale & politique*
e l'univers, commencé par M. le Baron de

TAMERLAN.

Puffendorf, complettée & continuée jusqu'en 1745, par M. Bruzen de la Martinière, qu'il premier géographe de S. M. Catholique, Sécretaire du Roi des deux Siciles & du conseil de S. M.

Cet écrivain, d'ailleurs homme de mérite, avait le malheur de n'être en effet que le sécretaire des libraires de Hollande. Il dit (*) que Tamerlan entama les Indes par ses ravages au Caboulestan, & revint sur la fin du quatorzième siècle dans *ce même Caboulestan qui avait cru pouvoir secouer impunément sa domination, & qu'il châtia les rebelles.* Le sécretaire d'un valet de chambre de Tamerlan aurait pu s'exprimer ainsi. J'aimerais autant dire que Cartouche châtia des gens qu'il avait volés, & qui voulaient reprendre leur argent.

Il paraît, par notre auteur persan, que Tamerlan fut obligé de quitter l'Inde après en avoir saccagé tout le nord, qu'il n'y revint plus ; qu'aucun de ses enfans ne s'établit dans cette conquête. Ce ne fut point lui qui porta la religion mahométane dans l'Inde ; elle était déjà établie long-tems avant lui dans Déli & ses environs. Mahmoud, chassé par Tamerlan,

(*) Tome VII. pages 35 & 36.

& revenu ensuite dans ses états pour en être chassé par d'autres princes, était mahométan. Les Arabes, qui s'étaient emparés depuis long-tems de Surate, de Patna & de Déli, y avaient porté leur religion.

<small>Religion de Tamerlan.</small>

<small>Page 76.</small>

Tamerlan était, dit-on, théiste, ainsi que Gengis-kan, & les tartares, & la cour de la Chine. Le jésuite Catrou, dans son histoire générale du Mogol, dit que cet illustre meurtrier, l'ennemi de la secte musulmane, se fit assister à la mort par un Iman mahométan, & qu'il mourut plein de confiance en la miséricorde du Seigneur, & de crainte pour sa justice, en confessant l'unité d'un Dieu. Malheureux prince d'avoir cru pouvoir arriver jusqu'à Dieu, sans passer par Jésus-Christ !

A Dieu ne plaise que nous entrions, & que nous conduisions nos lecteurs, si nous en avons, dans l'abominable chaos où l'Inde fut plongée après l'invasion de Tamerlan, & que nous tirions les princes qui se disputèrent Déli de l'obscurité profonde où des hommes qui n'ont fait aucun bien à la terre doivent être ensevelis.

Je ne sais quel écrivain, gagé par Désaint & Saillant libraires de Paris, rue St. Jean de

TAMERLAN.

Bauvais vis-à-vis le Collège, a compilé l'*Histoire moderne des Chinois, Japonois, Indiens, Persans, Turcs, Russes*, pour servir de suite à l'*Histoire ancienne* de Rollin.

Rollin, d'ailleurs utile & éloquent, avait transcrit beaucoup de vérités & de fables sur les Carthaginois, les Perses, les Grecs, les anciens Romains, pour *former l'esprit & le cœur* des jeunes Parisiens. Il n'y a pas d'apparence que le compilateur de l'histoire moderne des Chinois, Japonois &c. ait prétendu former *l'esprit & le cœur* de personne. Au reste, il nous apprend qu'Abou-saïd, fils de Tamerlan, régna dans l'Inde, dont il n'approcha jamais. Ce fut Babar, petit-fils de Tamerlan, qui forma véritablement l'empire Mogol. Il arriva de la Tartarie comme Tamerlan, & commença ses conquêtes à la fin du quinzième siècle, au tems où les Portugais s'établissaient déjà sur les côtes de Malabar, où le commerce du monde changeait, où un nouvel hémisphère était découvert pour l'Espagne, & où le Pontife de Rome Alexandre VI, si horriblement célèbre, donnait de sa pleine autorité les Indes orientales aux Espagnols, & les occidentales aux Portugais, par une Bulle.

TAMERLAN.

L'audace, le génie, la cruauté & le ridicule gouvernaient l'univers.

Canons chez les Indiens.

L'invention du canon, qui ne fut que si tard connue des Chinois, quoiqu'il eussent depuis plus de dix siècles le secret de la poudre, était déjà parvenu dans l'Inde. Ces instruments de destruction y avaient été portés de l'Europe chez les Turcs, & des Turcs chez les Persans. Féristha nous instruit que dans la grande bataille de Mavat, qui décida du sort de l'Inde, l'an de notre ère 1526, le premier de notre mois de mars, Babar plaça ses petits canons au front de son armée, & les lia ensemble par des chaînes de fer, de peur qu'on ne les lui prît. Cette victoire, remportée contre tous les Raïa de l'Inde septentrionale, donna l'Empire, qu'on nomme des Mogols à Babar: empire d'abord assez faible & qui ne remonte pas si haut que l'élection de l'Empereur Charles-Quint.

ARTICLE TREIZIEME.

De Babar qui conquit une partie de l'Inde, après Tamerlan, au 16ᵉ. siècle. D'Acbar brigand encor plus heureux. Des barbaries exercées chez la nation la plus humaine de la terre.

Fériſtha nous avertit que le vainqueur Babar fit ériger, ſur une éminence près du champ de bataille, une piramide toute incruſtée des têtes des vaincus. Cela n'eſt pas bien étonnant; les Suiſſes avaient dreſſé quarante ans auparavant, ſur le chemin de Morat un pareil monument qui ſubſiſte encore.

Il nous conte que Babar, ayant gagné la bataille, malgré les prédictions de ſon aſtrologue, lui fit donner un lac de roupies & le chaſſa. Cela prouve que la démence de l'aſtrologie était plus reſpectée dans l'orient que parmi nous. L'Europe était remplie de princes qui payaient des aſtrologues; mais il ne donnaient pas deux-cent quarante-mille francs à ces charlatans pour avoir menti.

Aſtrologue conſulté pour donner bataille.

Lorſqu'après ſa victoire, il aſſiégea un fort, nommé Chingeri, défendu par les Indiens attachés au braminiſme, ils commencèrent par égorger leurs femmes & leurs enfans, & ſe précipiterent enſuite ſur les épées des tartares. Sont-ce là ces mêmes peuples qui tremblaient de bleſſer une vache, & un inſecte? Le déſeſpoir eſt plus fort que les préjugés même de l'enfance, & que la nature. Ces faibles habitans de Chingeri n'ont fait que ce qu'on rapporte de *Sardanapale* plus amoli & plus énervé qu'eux, & ce qu'on a dit de *Sagonte* & de quelques autres villes. Enfin ayant étendu ſes conquêtes de Caboul au Gange, il faut finir ſon hiſtoire par ces mots qui en montrent la vanité, *il mourut*.

Grande action de déſeſpoir.

En 1530.

L'Empereur Babar muſulman.

Ce qui nous paraît étrange, c'eſt que Babar était muſulman. Son ayeul Tamerlan ne l'était pas. Babar, né dans le Cabouleſtan, avait-il embraſſé cette religion afin de paraître partager le joug des peuples qu'il voulait écraſer? Il avait choiſi la ſecte d'Omar: c'était ſans-doute parce que les Perſes ſes voiſins & ſes ennemis étaient de la ſecte d'Ali. La religion muſulmane & la bramiſte partagèrent l'Inde: elles ſe haïrent, mais ſans perſécution. Les

Mahométans vainqueurs n'en voulaient qu'aux bourses, & non aux consciences des Indous.

Humaiou, fils de Babar, régna dans l'Inde avec des fortunes diverses. C'était, dit-on, un bon astronome, & plus grand astrologue. Il avait sept palais, dédiés chacun à une planette. Il donnait audience aux guerriers dans la maison de Mars, & aux magistrats dans celle de Mercure. En s'occupant ainsi des choses du ciel, il risqua de perdre celles de la terre. Un de ses frères lui prit Agra, & le vanquit dans une grande bataille. Ainsi la maison de Tamerlan fut presque toujours plongée dans les guerres civiles.

<small>L'Empereur Humaiou astrologue.</small>

Pendant que les deux frères se battaient & s'affaiblissaient l'un l'autre, un tiers s'empara des terres qu'ils se disputaient. C'était un avanturier du Candahar; il se nommait Sher. Ce Sher mourut dans une de ses expéditions. Toute sa famille se fit la guerre pour partager les dépouilles; & pendant ce tems l'astrologue Humaiou était réfugié en Perse chez le Sophi Thamas. On voit que la nation indienne était une des plus malheureuses de la terre, & méritait ses malheurs, puisqu'elle n'avait sçu ni se gouverner elle-même, ni résister à ses tyrans. L'écrivain persan fait un long récit de toutes ces calamités bien ennuyeux pour quiconque n'eſt pas né dans l'Inde, & peut être pour les naturels du pays. Quand l'hiſtoire n'eſt qu'un amas de faits qui n'ont laiſſé aucune trace, quand elle n'eſt qu'un tableau confus d'ambitieux en armes, tués les uns par les autres, autant vaudrait tenir des régiſtres des combats des bêtes.

Humaiou revint enfin de Perſe, quand la plupart des autres uſurpateurs, qui l'avaient chaſſé, ſe furent exterminés. Il mourut pour s'être laiſſé tomber de l'eſcalier d'une maiſon qu'il feſait conſtruire; mais qu'importe? Ce qui importe c'eſt que les peuples gémiſſaient & périſſaient ſur des ruines, non-ſeulement dans l'Inde, mais dans la Perſe, dans l'Aſie-mineure, & dans nos climats.

1552.

Acbar empereur puiſſant.

Après Humaiou vient Acbar ſon fils, plus heureux dans l'Inde que tous ſes prédéceſſeurs, & qui établit une puiſſance durable, au moins juſqu'à nos jours. Quand il ſuccéda à ſon pere par le droit des armes, & que l'uſurpation commençait à ſe tourner en droit ſacré, il ne poſſédait point encor la capitale Déli. Agra était fort peu de choſe. De l'argent, il n'en avait pas; mais il avait des troupes du nord aguéries, de l'esprit & du courage, avec quoi on prend aisément l'argent des Indiens. Il nourrit la guerre par la guerre, prit Déli & s'y affermit. Il sçut vaincre les petits princes, soit indiens, soit tartares, cantonnés par-tout depuis l'irruption passagère de Tamerlan.

Féristha nous conte qu'Acbar se voyant bien-tôt à la tête de deux mille éléphans & de cent mille chevaux, poursuivait avec des détachemens de cette grande armée un Kan tartare, nommé Ziman, retiré derrière le Gange, du côté de Lahor, dans un endroit nommé Manezpour. On cherchait des batteaux, le temps se perdait, il était nuit; Acbar, ayant devancé son armée, apprend que les ennemis se croyant en sureté à l'autre bord du fleuve ont célébré une fête à la manière de tout les soldats & qu'ils sont en débauche. Il passe le grand fleuve du Gange à la nage sur son éléphant, suivi seulement de cent chevaux, aborde, trouve les ennemis endormis & dispersés : ils ne savent quel nombre ils ont à combattre, ils fuient; les troupes d'Acbar, ayant passé le fleuve, voyent Acbar & cent hommes vainqueurs d'une armée

1556.

Victoire d'Acbar qui passe le Gange à la nage.

ACBAR.

entière. Ceux qui aiment à comparer peuvent mettre en parallèle le passage du Granique par Alexandre, César passant à la nage un bras de la mer d'Alexandrie, Louis XIV. dirigeant le passage du Rhin, Guillaume III. combattant en personne au milieu de la Boyne ; & Acbar sur son éléphant.

Acbar fut le premier qui s'empara de Surate & du Royaume de Guzarate, fondé par des marchands arabes devenus conquérants à peu-près comme des marchands anglais sont devenus les maîtres du Bengale.

Ce même Bengale fut bientôt soumis par Acbar ; il envahit une partie du Décan : toujours à cheval ou sur un éléphant, toujours combattant du fond de Cachemire jusqu'au Visapour, & mêlant toujours les plaisirs à ses travaux, ainsi que tant de princes.

Jésuites disent avoir disposé l'empereur au christianisme.

Page 94.

Notre jésuite Catrou, dans son *histoire générale du Mogol*, composée sur les mémoires des Jésuites de Goa, assure que cet Empereur mahométan fut presque converti à la religion chrétienne par le père Aqua-viva, voici ses paroles.

« Jésus-Christ (lui disaient nos missionnai-
» res) vous paraît avoir suffisamment prouvé
» sa

» sa mission par des miracles attestés dans
» l'Alcoran. C'est un prophête autorisé; il
» faut donc le croire sur sa parole. Il nous
» dit qu'il était avant Abraham. Tous les mo-
» numents qui restent de lui, confirment la
» Trinité, &c.....

» L'Empereur sentit la force de ce raison-
» nement, quitta la conversation les larmes
» aux yeux, & répéta plusieurs fois......
» devenir Chrétien!.... changer la religion de
» mes pères! Quel péril pour un Empereur!
» Quel poids pour un homme élevé dans la
» mollesse & dans la liberté de l'Alcoran!... «

S'il est vrai que si Acbar prononça ces paroles après avoir quitté la conversation, le
père Aqua-viva ne les entendit pas. Il est encor vrai qu'Acbar n'avait pas été élevé dans
la mollesse, & que l'Alcoran n'est pas si mou
que le dit le jésuite Catrou. On sait assez qu'il
n'est pas besoin de calomnier l'Alcoran pour
en montrer le ridicule. D'ailleurs il ordonne
le jeûne le plus rigoureux, l'abstinence de toutes les liqueurs fortes, la privation de tous les
jeux, cinq prières par jour, l'aumône de deux
& demi pour cent de son bien; & il défend à
tous les Princes d'avoir plus de quatre femmes,

F

eux qui en prenaient auparavant plus de cent.

Page 103. — Catrou ajoute que le musulman Acbar *honorait à certains tems Jésus & Marie ; qu'il portait au cou un reliquaire, un Agnus Dei & une image de la Ste. Vierge.* Notre persan, traduit par Mr. Dow, ne dit rien de tout cela.

ARTICLE QUATORZIEME.

Suite de l'Histoire de l'Inde jusqu'à 1770.

1604. — L'Auteur persan finit son histoire à la mort d'Acbar. Mr. Dow en donne la suite en peu de mots, jusqu'à-ce qu'il arrive au tems où ses compatriotes commencent eux-mêmes à être en partie un grand objet de l'histoire de l'Inde.

C'est ainsi, ce me semble, qu'on doit s'y prendre en toutes choses. Ce qui nous touche davantage doit être traité plus à fond que ce qui nous est étrangers.

Mort en 1627. — Quand nous répéterions que Géan-gir, fils & successeur d'Acbar, était un ivrogne, & que son frère aîné plus ivrogne que lui avait été déshérité, nous ne pourrions nous flatter d'avoir travaillé aux progrès de l'esprit humain.

Sha-géan succéda à Géan-gir son père, contre lequel il s'était révolté tant qu'il avait pu ; de même que ses enfans se révoltèrent depuis contre lui.

Les noms de Géan-gir & de Sha-géan signifient, dit-on, Empereur du monde. Si cela est, ces titres sont du stile asiatique. Ces Empereurs là n'étaient pas géographes. Les trois-quarts de l'Inde en-deçà du Gange, dont ils ne furent jamais les maîtres bien reconnus & bien paisibles jusqu'à Aurengzeb, ne composaient pas le monde entier. Mais le globe entre les mains de l'empereur d'Allemagne & du roi d'Angleterre, à leur sacre, n'est pas plus modeste que les titres de Sha-géan & de Géan-gir.

Nous n'avons dit qu'un mot de cet Aurengzeb, fameux dans toute notre hémisphère ; & nous en avons dit assez en remarquant qu'il fut le barbare le plus tranquille, l'hipocrite le plus profond, le méchant le plus atroce, & en même tems le plus heureux des hommes, & celui qui jouit de la vie la plus longue & la plus honorée : exemple funeste au genre-humain, mais qui heureusement est très-rare.

Nous ne pouvons diffimuler que nous avons vu avec douleur l'éloge de ce Prince parricide dans Mr. Dow ; & nous l'excusons ; parce qu'étant guerrier, il a été plus ébloui de la gloire d'Aurengzeb qu'effarouchés de ses crimes. Pour nous, notre principal but, dont on a dû assez s'appercevoir, était d'examiner dans ces Fragments les désastres de la Compagnie française des Indes & la mort du général Lalli : époque remarquable chez une nation qui se pique de justice & de politesse.

Nous avons fait voir (*) les malheureux Grand-Mogols descendans de Tamerlan amollis, corrompus & détrônés ; l'empereur Sha-Amed, mourant après qu'on lui eut arraché les yeux ; Alumgir assassiné ; le brigand Abdala devenu grand prince & saccageant tout le nord de l'Inde ; les Marates lui résistant ; ces Marates tantôt vainqueurs tantôt vaincus ; & enfin l'Indostan plus malheureux que la Perse & la Pologne.

Nous doutions du tems & de la maniere dont ce grand-mogol Alumgir fut assassiné ; mais Mr. Dow nous apprend que ce fut en

(*) Premiere Partie, Article IX.

1760, dans la maison, ou plutôt dans l'antre
d'un hermite musulman qui passait pour un
Santon, pour un saint. Les propres domestiques de l'Empereur dévot l'engagèrent à faire
ce pélérinage ; & le grand Visir le fit égorger
dans le tems qu'il se prosternait devant le saint.
Tout était en combustion après ce crime,
précédé & suivi de mille crimes, quand le
brigand Abdala revint de Caboul & des fron-
tières orientales de la Perse augmenter l'horreur du désordre. Quoique cet Abdala fut déjà
un souverain considérable, il pouvait à peine
payer ses troupes. Il lui fallait subsister continuellement de rapines. Il y a peu de distinc-
tion à faire entre les scélerats que nous con-
damnons à la roue en Europe, & ces héros
qui s'élèvent des trônes en Asie. Abdala vint
en 1761 exiger des contributions de Déli. Les
citoyens, appauvris par quinze ans de rapines,
ne purent le satisfaire : ils prirent les armes
dans leur désespoir. Abdala tua & pilla pendant
sept jours ; la plûpart des maisons furent ré-
duites en cendres. Cette ville, longue de dix-
sept lieues, de deux mille trois cent pas géo-
métriques, & peuplée de deux millions d'habitans, n'avait pas éprouvé, dans l'invasion

du tems de Sha-Nadir, une calamité si horrible. Mais elle n'était pas à la fin de ces malheurs. Les Marates accoururent pour partager la proye ; ils combattirent Abdala sur les ruines de la ville impériale. Ces voleurs chassèrent enfin ce voleur, & pillèrent Déli à leur tour avec une inhumanité presqu'égale à la sienne.

Un autre petit peuple, voisin des Marates & de Visapour, habitant des montagnes appellées les Gates, & qui en a pris le nom, vint encor se joindre aux Marates & mettre le comble à tant d'horreurs.

Qu'on se figure les Anglais & les Bourguignons déchirant la France du tems de l'imbécile Charles VI, où les Goths & les Lombards dévorant l'Italie dans la décadence de l'Empire, on aura quelqu'idée de l'état où était l'Inde dans la décadence de la maison de Tamerlan. Et c'était précisément dans ce tems là que les Anglais & les Français sur la côte de Coromandel se battaient entr'eux & contre les Indiens, pillaient, ravageaient, intriguaient, trahissaient, étaient trahis.... pour vendre en Europe des toiles peintes.

Que l'on compare les tems, & qu'on juge

du bonheur dont on jouit aujourd'hui en France, en Espagne, en Italie, en Allemagne dans une paix profonde, dans le sein des arts & des plaisirs. Ils ne sont point troublés par l'ordre donné aux Jésuites de vivre chacun chez soi en habit-court au lieu de porter une robe longue. La France n'est que plus florissante par l'abolissement de la vénalité infâme de la judicature. L'Angleterre est tranquille & opulente, malgré les petites satires des opposans. L'Allemagne se polit & s'embellit tous les jours. L'Italie semble renaître. Puisse durer long-tems une félicité dont on ne sent pas assez le prix !

Au milieu des convulsions sanglantes, dont l'empire Mogol était agité, quelques Omras, quelques Raïas avaient élu dans Déli un Empereur qui prit le nom de Sha-Géan. Il était de la maison Tamerlane. Nous avons observé qu'on n'a point encore choisi de Monarque ailleurs, tant le préjugé a de force. Abdala même n'osant se déclarer Empereur, consentit à l'élévation de ce prince Sha-géan. Les Marates le détrônèrent & mirent à sa place un autre Prince de cette race. C'est ce fantôme d'Empereur qui est aujourd'hui, en 1773, sur

En 1762.

F iiij

ce malheureux trône. Il a pris le nom de Sha-Allum. Un fils de l'autre Allum, surnommé Gir, affassiné dans la célule d'un Faquir, lui a difputé l'ombre de fa puiffance ; & tous deux ont été & font encor également infortunés, mais moins que les peuples qui font toujours victimes & dont les hiftoriens parlent rarement. Trop d'écrivains ont imité trop de Princes ; ils ont oublié les intérêts des nations pour les intérêts d'un feul homme.

ARTICLE QUINZIEME.

Portrait d'un Peuple fingulier dans l'Inde. Nouvelles victoires des Anglais.

Parmi tant de défolations, une contrée de l'Inde a joui d'une profonde paix ; & au milieu de la dépravation affreufe des mœurs, a confervé la pureté des mœurs antiques. Ce pays eft celui de Bishnapore, ou Vishnapore. Mr. Holwell, qui l'a parcouru, dit qu'il eft fitué au nord-oueft du Bengale,

<small>Holwell pag. 197 & fuivantes.</small>

& que son étendue est de soixante journées de chemin : ce qui ferait, à dix de nos lieues communes par jour, six-cent lieues. Par conséquent ce pays serait beaucoup plus grand que la France : en quoi nous soupçonnons quelque exagération, ou une faute d'impression trop commune dans tous les livres. Il vaut mieux croire que l'auteur a entendu par soixante journées de marche le circuit de toute la province : ce qui donnerait environ cent lieues de diamètre. Elle rapporte trente-cinq lacs de roupies par année à son Souverain, huit millions deux-cent-mille de nos livres. Ce revenu ne paraît pas proportionné à l'étendue de la province.

Ce qui nous étonne encor c'est que le Bishnapore ne se trouve point sur nos cartes. Le lecteur éprouvera un étonnement plus agréable, quand il saura que ce pays est peuplé des hommes les plus doux, les plus justes, les plus hospitaliers & les plus généreux qui aient jamais rendu la terre digne du ciel. » La » liberté, la propriété y sont inviolables. On » n'y entend jamais parler de vol ni parti- » culier ni public. Tout voyageur, trafiquant » ou non, y est sous la garde immédiate du

» gouvernement qui lui donne des guides pour
» le conduire fans aucun frais, & qui répon-
» dent de fes effets & de fa perfonne. Les
» guides, à chaque ftation ou couchée, le
» remettent à d'autres conducteurs avec un
» certificat des fervices que les premiers lui
» ont rendus; & tous ces certificats font portés
» au Prince. Le voyageur eft défrayé de tout
» dans fa route, aux dépends de l'Etat trois
» jours entiers dans chaque lieu où il veut
» féjourner. « &c...

Tel eft le recit de Mr. Holwell. Il n'eft pas permis de croire qu'un homme d'état, dont la probité eft connue, ait voulu en impofer aux fimples. Il ferait trop coupable & trop aifément démenti. Cette contrée n'eft pas comme l'île imaginaire de Pancaye, le jardin des Hefpérides, les îles fortunées, l'île de Calipfo, & toutes ces terres fantaftiques, où des hommes malheureux ont placé le féjour du bonheur.

Cette province appartient de tems immémorial à une race de Brames qui defcend des anciens Bracmanes. Et ce qui peut faire penfer que le vrai nom du pays eft Vishnapor, c'eft que ce nom fignifierait le royaume de *Vish-*

nou, *la bienfaisance de Dieu*. Ses mœurs furent autrefois celles de l'Inde entière, avant que l'avarice y eut conduit des armées d'oppresseurs. La caste des Brames y a conservé sa liberté & sa vertu ; parce qu'étant toujours maîtres des écluses qu'ils ont construites sur un bras du Gange, & pouvant inonder le pays, ils n'ont jamais été subjugués par les étrangers. C'est ainsi qu'Amsterdam s'est mise à l'abri de toutes les invasions.

Ce peuple asiatique aussi innocent, aussi respectable que les Pensilvaniens de l'Amérique anglaise, n'est pas pourtant exempt d'une superstition grossière. Il est très compatible que la vertu la plus pure subsiste avec les rites les plus extravagants. Cette superstition même des Vishnaporiens paraît une preuve de leur antiquité. L'espece de culte qui rendent à la vache, affaibli dans le reste de l'Inde, s'est conservée chez cette nation isolée dans toute la simplicité crédule des premiers tems. Quand la vache consacrée meurt, c'est un deuil universel dans le pays. Une telle bêtise est bien naturelle dans un peuple à qui l'on avait fait acroire que des milliers de Puissances célestes avaient été changées en vaches & en hommes. Le peuple révère & chérit dans sa vache consacrée la nature céleste & la nature humaine. Si nous nous abandonnions aux conjectures, nous pourrions penser que le culte de la vache indienne est devenu dans l'Egypte le culte du bœuf. Notre idée serait toujours fondée sur l'impossibilité physique & démontrée que l'Egypte ait été peuplée avant l'Inde. Mais il se pourrait très bien que les prêtres de l'Inde & ceux d'Egypte eussent été également ridicule, sans rien imiter les uns des autres.

La doctrine, la pureté, la sobriété, la justice des anciens Bracmanes s'est donc perpétuée dans cet azile. Il serait bien à souhaitter que Mr. Holwell y eut séjourné plus longtems. Il serait entré dans plus de détails; il aurait achevé ce tableau si utile au genre-humain dont il nous a donné l'esquisse. Tous les Anglais avouent que si les Brames de Calcuta, de Madras, de Mazulipatan, de Pondichéri, liés d'intérêt avec les étrangers, en ont pris tous les vices ; ceux qui ont vécu dans la retraite ont tous conservé leur vertu. A plus forte raison ceux de Vishnapor, séparés du reste du monde, ont dû vivre dans la paix de l'innocence, éloignés des crimes qui ont changé la face de l'Inde, & dont le bruit n'a pas été jusqu'à eux. Il en a été des Brames comme de nos moines : ceux qui sont entrés dans les intrigues du monde, qui ont été confesseurs des princes & de leurs maîtresses, ont fait beaucoup de mal. Ceux qui sont restés dans la solitude ont mené une vie insipide & innocente.

ARTICLE SEIZIEME.

Des Provinces entre lesquelles l'Empire de l'Inde était partagé, vers l'an 1770, & particuliérement de la république des Seikes.

SI toutes les nations de la terre avaient pu ressembler aux Pensilvaniens, aux habitans de Vishnapor, aux anciens Gangarides, l'histoire des évènements du monde serait courte; on n'étudierait que celle de la nature. Il faut malheureusement quitter la contemplation du seul pays de notre continent, où l'on dit que les hommes sont bons, pour retourner au séjour de la méchanceté.

ÉTAT DE L'INDE.

Le lecteur peut se souvenir que le colonel Clive, à la tête d'un corps de quatre mille hommes, avait vaincu & pris dans le Bengale le souverain Suraïa-Doula, comme Fernand-Cortès avait pris Montezuma dans le Mexique au milieu de ses troupes innombrables. On a vu comment cet officier, au service de la Compagnie, créa Jaffer souverain de Bengale, de Golconde & d'Orixa : un fils de Jaffer, nommé Suïa-Doula, succéda à son pere avec la protection des Anglais. Ils disent qu'il fut ingrat envers eux ; & qu'il voulut à la fois les chasser du Bengale, & achever la ruine du nouvel empereur Sha-Alum. Ce nouveau grand Mogol Alum, presque sans défense, eut recours aux Anglais à son tour. Le colonel Clive le protégea. Le tyran Abdala était absent alors, & occupé dans le Corassan. Clive livra bataille aux oppresseurs de l'empereur Sha-Alum, & les défit dans un lieu nommé Buxar. Cette nouvelle victoire de Buxar combla les Anglais de gloire & de richesses. Ni le gouverneur Holwell, ni le lieutenant-colonel Dow, ni le capitaine Scrafton ne nous instruisent de la date de cette grande action. Ils s'en rapportent à leurs dépêches envoyées

ÉTAT DE L'INDE.

à Londres, que nous ne connaissons pas. Mais cet événement ne doit pas être éloigné du tems où les Anglais prenaient Pondichéri. Le bonheur les accompagnait par tout ; & ce bonheur était le fruit de leur valeur, de leur prudence & de leur concorde dans le danger. La discorde avait perdu les Français : mais bientôt après la désunion se mit dans la Compagnie anglaise ; ce fut le fruit de leur prospérité & de leur luxe ; au lieu que la mésintelligence entre les Français avait été principalement produite par leurs malheurs.

La compagnie anglaise des Indes a été depuis ce tems maîtresse du Bengale & d'Orixa ; elle a résisté aux Marates & aux Nabab qui ont voulu la déposséder ; elle tend encor la main au malheureux empereur Sha-Alum qui n'a plus que la moitié de la province d'Allabad entre le Gange & la riviere de Sérong au vingt-cinquième degré de latitude. Cette province d'Allabad n'est pas seulement marquée dans nos cartes françaises de l'Inde. Il faut être bien établi dans un pays pour le connaître.

Le district qu'on a laissé comme par pitié à cet Empereur, lui produisait à peine douze laks de roupies ; les Anglais lui en donnaient vingt-six de leur province de Bengale. C'était tout ce qui restait à l'héritier d'Aurengzeb le roi le plus riche de la terre. Tout le reste de l'Inde était partagé entre diverses puissances, & cette division affermissait le royaume que l'Angleterre s'est formé dans l'Inde.

Parmi toutes ces révolutions, la ville impériale de Déli tomba entre les mains de ce fils de Jaffer, de ce Suia-Doula vaincu par le colonel Clive, & relevé de sa chute. Les révolutions rapides changeaient continuellement la face de l'Empire. Ce fils de Jaffer eut encor la province d'Oud qui touche à celle d'Allabad, où le Grand Mogol était retiré, & au Bengale où les Anglais dominaient.

Patna au nord du Gange appartenait à un Souba des Patanes. Les Gates que nous avons vu descendre de leurs rochers pour augmenter les troubles de l'Empire, avaient envahi la ville impériale d'Agra. Les Marates s'étaient emparés de toute la province, ou si l'on veut, du royaume de Guzarate, excepté de Surate & de son territoire.

Un Nabab était maître du Décan, & tantôt il combattait les Marates, tantôt il s'unissait avec eux pour attaquer les Anglais dans leur

possession

RÉPUBLIQUE NOUVELLE. 97

possession d'Orixa & du Bengale. Le tiran Abdala possédait tout le pays situé entre Candahar & le fleuve Indus.

Tel était l'état de l'Inde vers l'an 1770; mais depuis le commencement de tant de guerres civiles, il s'était formé une nouvelle puissance qui n'était ni tirannique, comme celle d'Abdala & des autres princes, ni trafiquante du sang humain, comme celle des Marates, ni établie à la faveur du commerce comme celle des Anglais. Elle est fondée sur le premier des droits, sur la liberté naturelle. C'est la nation des Seïkes, nation aussi singuliere dans son espèce que celle des Vishnapores. Elle habite l'orient de Cachemire, & s'étend jusqu'au-delà de Lahor. Libre & guerriere elle a combattu Abdala, & n'a point reconnu les empereurs Mogols; sûre d'avoir beaucoup plus de droit à l'indépendance, & même à la souveraineté de l'Inde, que la famille tartare de Tamerlan étrangère & usurpatrice.

On nous dit qu'un des Lamas du grand Thibet donna des loix & une religion aux Seïkes vers la fin de notre dernier siècle. Ils ne croient ni que Mahomet ait reçu un livre assez mal fait de la main de l'ange Gabriel, ni que Dieu ait dicté le Shaftabade à Brama. Enfin n'étant ni Mahométans, ni Brames, ni Lamiftes, ils ne reconnaiffent qu'un feul Dieu fans aucun mélange. C'eft la plus ancienne des religions; c'eft celle des Chinois & des Scythes; & fans-doute la meilleure pour quiconque ne connaît pas la nôtre. Il fallait que ce prêtre Lama, qui a été le législateur des Seïkes, fut un vrai fage, puifqu'il n'abufa pas de la confiance de ce peuple pour le tromper & pour le gouverner. Au lieu d'imiter les preftiges du grand Lama qui règne au Thibet, il fit voir aux hommes qu'ils peuvent fe gouverner par la raifon. Au lieu de chercher à les fubjuguer, il les exhorta à être libres, & ils le font. Mais jufqu'à quand le feront-ils ? Jufqu'au tems où les efclaves de quelque Abdala fupérieurs en nombre viendront le cimeterre à la main les rendre efclaves comme eux. Des dogues à qui leur maître a mis un colier de fer peuvent étrangler des chiens qui n'en ont pas.

 Tel eft en général le fort de l'Inde; il peut intéreffer les Français, puifque malgré leur valeur, & malgré les foins de Louis XIV. & de Louis XV, ils y ont effuyé tant de difgraces. Il intéreffe encor plus les Anglais, puifqu'ils fe font expofés à des calamités pareilles, & que leur courage a été fecondé de la fortune.

FRAGMENT
SUR
LA JUSTICE,

A l'occasion du procès de Mr. le Comte de MORANGIÉS,

Contre les JONQUAY.

AVIS DE L'ÉDITEUR.

Ayant annoncé, à la tête de ces Fragments, le procès de Mr. le Comte de Morangiés, qui devait suivre celui du général Lalli, nous tenons notre parole. Voici ce fragment que nous avons recouvré.

LE procès du général Lally fut cruel : celui que le comte de Morangiés essuya, fut absurde. Il y va de l'honneur de la nation de transmettre à la postérité ces avantures odieuses, afin de laisser un préservatif contre les excès auxquels l'aveuglement de la prévention & la démence de l'esprit de parti peuvent entraîner les hommes.

Un jeune avanturier de la lie du peuple est assez extravagant & assez hardi pour supposer qu'il a prêté cent-mille écus, à un maréchal-de-camp, de l'argent de sa pauvre grand-mère qui logeait dans un galetas avec lui & le reste de sa famille; il affirme, il jure qu'il a porté lui-même à pied ces cent-mille écus au maréchal-de-camp en treize voyages, & qu'il a couru environ six-lieues en un matin pour lui rendre ce service. Ce jeune homme, nommé Liégard, surnommé Jonquay, sachant à peine lire & écrire, & orthografiant comme un laquais mal élevé, avait été pourtant reçu docteur ès loix par bénéfice d'âge : condescendance ridicule & trop commune, abus intolérable, dont cet exemple fait assez voir les conséquences. Ce docteur ès loix, dans sa misère, trouve le secret d'associer toute sa famille à son imposture; sa mère, sa grand-mère, ses sœurs, tous ses parens qui logent avec lui, excepté un ancien sergent aux gardes. Il n'y a qu'un militaire dans toute cette bande, & c'est le seul honnête homme.

SUR LA JUSTICE.

Liégard Jonquay se lie avec un cocher & avec un clerc de procureur qui doivent lui servir de témoins, & partager une partie du profit. Il s'assure de deux courtières, dont l'une avait été plusieurs fois enfermée à l'hôpital, & qui, depuis près d'un an, avait fait monter madame Verron, grand-mère de Jonquay, à la dignité de prêteuse sur gages. Toute cette troupe s'unit dans l'espérance d'avoir part aux cent-mille écus. Voilà donc le docteur Liégard Du Jonquay & sa mère & sa grand-mère qui présentent requête au Lieutenant-criminel pour qu'on aille enfoncer les portes de la maison de Mr. le comte de Morangiés, dans laquelle on trouvera sans-doute les cent-mille écus en espèce. Et si on ne les trouve pas, la troupe de Jonquay dira que leur recherche montre leur bonne foi, & que le maréchal-de-camp a mis l'argent en sûretés.

Cependant la famille & son conseil s'assemblent; ils ont quelque scrupule : un des complices remontre le danger qu'on peut courir dans cette affaire épineuse. On ne croira jamais que ni vous, ni votre grand-mère ayez pu posséder cent-mille écus en argent comptant, vous qui vivez si à l'étroit dans un troisième étage presque sans meubles ; vous qui couchiez sur la paille dans un faubourg avant d'être logés ici !... Un des meilleurs esprits de la bande se charge alors de faire un roman vraisemblable. Par ce roman la pauvre vieille grand-mère est transformée en veuve opulente d'un fameux banquier nommé Verron. Ce mari, mort il y a trente ans, lui a laissé sourdement, par un fidei-commis, de la vaisselle d'argent, des diamans, des sommes immenses en or. Un ami intime, nommé Chotard, a rendu fidelement ce dépôt à la vieille ; elle n'y a jamais touché, pendant près de trente années ; elle a vécu noblement dans la plus extrême misère, pour faire un jour une grande fortune à son petit-fils Liégard Jonquay ; & elle n'attend que la restitution de cent-mille écus prêtés à Mr. le comte de Morangiés, à six pour cent d'usure pour acheter à monsieur Jonquay une charge de conseiller au parlement ; car l'honneur de rendre la justice se vendait alors ; & Jonquay pouvait l'acheter tout comme un autre.

Le roman paraît très-plausible : il reste seulement une difficulté. On vous demandera pourquoi un docteur ès loix, prêt d'être reçu conseiller au parlement s'est déguisé en crocheteur pour aller porter cent-mille écus en treize voyages ? Mr. Jonquay répond qu'il ne s'est donné cette peine que pour plaire au maréchal-de-camp, qui lui avait demandé le secret. La réponse n'est pas trop bonne ; mais enfin un cocher & un ancien clerc de procureur jureront qu'ils m'ont vu préparer les sacs & les porter ; une courtière, en sortant de l'hôpital, m'aura vu revenir tout en eau de mes treize voyages. Avec de si bons témoignages nous réussirons. J'ai eu l'adresse de persuader au maréchal-de-camp que je lui ferais prêter les cent-mille écus par une compagnie d'usuriers ; j'ai tiré de lui des billets à ordre pour la même somme, payable à ma grand-mère, créancière prétendue de cette prétendue compagnie. Il faudra bien qu'il les paye. Il a beau nier la réception de l'argent & mes treize voyages : j'ai sa signature ; j'aurai des témoins irréprochables ; nous jouïrons du plaisir de le ruiner, de le deshonorer, de le voler, & de le faire condamner comme voleur.

Ce plan arrangé entre les complices, chacun se prépare à jouer son rôle. Le cocher va soulever tous les fiacres de Paris en faveur du docteur ès loix & de la famille ; le clerc de procureur va se faire guérir de la vérole chez un chirurgien ; & il attendrit les cœurs de ses camarades & des filles de joye pour une famille respectable & infortunée, indignement volée par un homme de qualité, officier général des armées du roi.

Pendant que cette pièce commence à se jouer, le maréchal-de-camp, informé des préparatifs, va trouver le magistrat de la police & lui expose le fait. Le lieutenant de police, qui a l'inspection sur les usuriers, & sur les troisièmes étages, fait interroger la famille Jonquay par des officiers de police. Le crime tremble toujours devant la justice. On intimide, on menace Jonquay & sa mère. Les scélérats déconcertés avouent leur délit les larmes aux yeux ; ils signent leur condamnation. On croit l'affaire finie.

Qu'arrive-t-il alors ? Un praticien, qui était de la troupe, ranime le courage des confédérés ». Souffrirons-nous, mes chers amis, » qu'une si belle proye nous échappe ? Il s'agit » ou de partager entre nous cent-mille écus, » gagnés par notre industrie, ou d'aller aux

» galères ; choisissez. Vous avez avoué votre
» crime devant un commissaire de quartier :
» cette faiblesse peut se réparer. Dites que vous
» y avez été forcés. Dites que vous avez été
» détenus en chartre privée, au mépris des
» loix du royaume ; qu'on vous a chargés
» de fers, que vous avez été mis à la torture.

» C'est le *cædebatur virgis cives romanus*,
» de Cicéron. C'est le *metus cadens in constan-*
» *tem virum*, de Tribonien. N'êtes-vous pas
» *constans vir*, Mr. Jonquay ? Oui, monsieur ;
» eh bien, demandez justice contre la police
» qui persécute les gens de bien. Criez qu'un
» maréchal-de-camp vous vole, que toute la
» police est son complice, & qu'on vous a ou-
» trageusement battu pour vous faire avouer
» que vous êtes un fripon.

» Il faut de l'argent pour soutenir un procès
» si délicat. Nous vous amenons Mr. Aubourg,
» autrefois laquais, puis tapissier, & mainte-
» nant usurier ; vendez-lui votre procès ; il
» fera tous les frais ; c'est un homme d'hon-
» neur & de crédit, qui manie les affaires d'une
» dame de grande considération, & qui ameu-
» tera pour vous tout Paris.

Mr. Jonquay & sa vieille grand-mère

Verron vendent donc leur procès à Mr. Aubourg. On assigne devant le parlement le maréchal-de-camp comme ayant volé cent-mille écus à la famille d'un jeune docteur prêt d'être reçu conseiller ; comme instigateur des fureurs tiraniques de la police ; comme suborneur de faux témoins ; comme opresseur des bons bourgeois de Paris.

La vieille grand-mère Verron meurt sur ces entrefaites ; mais avant de mourir on lui dicte un testament absurde, un testament qu'elle n'a pu faire. Toute la famille en grand deuil, accompagnée de son praticien & de l'usurier Aubourg, va se jetter aux pieds du roi & implorer sa justice. Il se trouve quelquefois à la cour des ames compatissantes, quand cette compassion peut servir à perdre un officier général. Presque tout Versailles, & presque tout Paris, & bientôt presque tout le royaume, se déclarérent pour le candidat Jonquay, & pour cette famille honnête si indignement volée, & si cruellement mise à la torture.

L'affaire se plaida d'abord devant la grand chambre & la tournelle assemblées. Un avocat des Jonquay prouva que tous les officiers des armées du roi sont des escrocs & des fripons;

SUR LA JUSTICE. 107

qu'il n'y a d'honneur & de vertu que chez les cochers, les clercs de procureur, les prêteurs sur gages, les entremetteuses & les usurieres. Il fit voir que rien n'est plus naturel, plus ordinaire, qu'une vieille femme très-pauvre, qui possede pendant trente ans cent-mille écus dans son armoire, qui les prête à un officier qu'elle ne connaît pas, & un jeune docteur ès loix qui court six lieues à pied pour porter ces cent-mille écus à cet officier dans ses poches.

Ensuite, il peignit patétiquement le candidat Jonquay & sa mère entre les mains des boureaux de la police, chargés de fers, meurtris de coups, évanouis dans les tourments, forcés enfin d'avouer un crime dont ils étaient innocents; leur vertu barbarement immolée au crédit & à l'autorité, n'ayant pour soutient que la générosité de Mr. Aubourg, qui avait bien voulu acheter ce procès, à condition qu'il n'en aurait pour lui qu'environ cent-vingt-mille livres. Toutes les bonnes femmes pleurèrent; les usuriers & les escrocs battirent des mains; les juges furent ébranlés; le parlement renvoya l'affaire en premiere instance au bailliage du palais; petite jurifdiction inconnue jufqu'alors.

Le ridicule, l'abfurdité du roman de la bande Jonquay étaient affez fenfibles ; l'infamie de leurs manœuvres, l'infolence de leur crime étaient manifeftes ; mais la prévention était plus forte. Le public féduit, féduifit le juge du bailliage.

La populace gouverne fouvent ceux qui devraient la gouverner & l'inftruire. C'eft elle qui dans les féditions donne des loix, elle affervit le fage à fes folles fuperftitions; elle force le miniftère, dans des tems de cherté, à prendre des partis dangereux. Elle influe fouvent dans les jugements des magiftrats fubalternes. Une prêteufe fur gages perfuade une fervante, qui perfuade fa maitreffe, qui perfuade fon mari. Un cabaretier empoifonne un juge de fon vin & de fes difcours. Le bailliage fut ainfi endocumenté. Le plaifir d'humilier la nobleffe chatouilliait encor en fecret l'amour propre de quelque bourgeois qui étaient devenus fes juges je ne fçais comment.

Le maréchal-de-camp fut plongé dans la prifon la plus dure, condamné à payer un argent qu'il n'avait jamais reçu, & à des amandes infamantes : le crime triompha.

Alors le public des honnêtes gens commença d'ouvrir les yeux. La maladie épidémique qui s'était répandue dans toutes les conditions avait perdu de sa malignité.

L'affaire ayant été enfin reportée de droit au parlement, le premier préfident monfieur De Sauvigni interrogea lui-même les témoins. Il produifit au grand jour la vérité fi long tems obfcurcie. Le parlement vengea par un arrêt folemnel le comte de Morangiés & fes accufateurs. Du Jonquay & fa mère furent condamnés au banniffement, peine bien douce pour leur crime, mais que les incidents du procès ne permettaient pas de rendre plus grieve.

Il était d'ailleurs plus néceffaire de manifefter l'innocence du Comte que de flétrir la canaille des accufateurs dont on ne pouvait augmenter l'infamie. Enfin tout Paris s'étonna d'avoir été deux ans entiers la dupe du menfonge le plus groffier & le plus ridicule que la fottife & la friponerie en délire aient pu jamais inventer.

FRAGMENT

Puissent de tels exemples aprendre aux parisiens à ne pas juger des affaires sérieuses comme d'un opéra comique, sur les discours d'un perruquier ou d'un tailleur, répetés par des femmes de chambre. Mais un peuple qui a été vingt ans entiers la dupe des miracles de Mr. l'abbé Pâris, & des gambades de Mr. l'abbé Bécherand, pourra-t-il jamais se corriger ?

Odi profanum vulgus, & arceo.

FRAGMENT

Sur le Procès Criminel de Monbailli, *roué & brûlé vif à St. Omer en* 1770, *pour un prétendu parricide, & de sa femme condamnée à être brûlée vive, tous deux reconnus innocents.*

C'Est encor la démence de la canaille qui produisit l'affreuse catastrophe dont nous allons parler en peu de mots. Il faut passer ici de l'extrême ridicule à l'extrême horreur.

Un citoyen de St. Omer, nommé Monbailli, vivait paisiblement chez sa mère avec sa femme qu'il aimait. Ils élevaient un enfant né de leur mariage & la jeune femme était grosse d'un second. La mère Monbailli était malheureusement sujette à boire des liqueurs fortes, passion commune & funeste dans ces pays. Cette habitude lui avait déjà causé plusieurs accidents qui avaient fait craindre pour sa vie. Enfin la nuit du 26 au 27 Juillet 1770, après avoir bu avant de se coucher plus de liqueurs qu'à l'ordinaire, elle est attaquée d'une apoplexie subite, se débat, tombe de son lit sur un coffre, se blesse, perd son sang & meurt.

Son fils & sa bru couchaient dans une chambre voisine & étaient endormis. Une ouvrière vient frapper à leur porte le matin & les éveille ; elle veut parler à leur mère pour finir quelques comptes. Les enfans répondent que leur mère dort encor. On attend longtems, enfin on entre, on trouve la mère renversée sur un coffre, un œil enflé & sanglant, les cheveux hérissés, la tête pendante, elle était absolument sans vie.

Le fils à cette vue s'évanouit, on cherche par tout des secours inutiles ; un chirurgien arrive, il examine le corps de la mère, nul secours à lui donner. Il saigne le jeune homme qui revient enfin à lui. Les voisins accourent, chacun s'empresse à le consoler. Tout se passe selon l'usage ; le cadavre est enseveli dans une bierre au tems prescrit ; on commence un inventaire ; tout est en règle & en paix.

Quelques femmes du peuple dans l'oisiveté de leurs conversations, raisonnent au hazard sur cette mort. Elles se ressouviennent qu'il y eut un peu de mésintelligence entre les enfans

&

SUR LA JUSTICE.

& la mère quelque tems auparavant. Une de ces femmes remarque qu'on a vu quelques goutes de sang sur un des bas de Monbailli. C'était un peu de sang qui avait jailli lorsqu'on le saignait. La légereté maligne d'une de ces femmes la porte à soupçonner que c'est le sang de la mère. Bientôt une autre conjecture que Monbailli & sa femme l'ont assassinée pour hériter d'elle. D'autres qui savent que la défunte n'a point laissé de bien, disent que ses enfans l'ont tuée par vengeance. Enfin ils l'ont tuée. Ce crime dès le lendemain passe pour certain parmi la populace, à laquelle il faut toujours des évènements extraordinaires & atroces pour occuper des ames désœuvrées.

Le bruit devient si fort, que les juges de St. Omer sont obligés de mettre en prison Monbailli & sa femme. Ils sont interrogés séparément ; nulle apparence de preuve ne s'éleve contre eux, nul indice. D'ailleurs les juges étaient suffisamment informés de la conduite régulière & innocente des deux époux ; on ne leur avait jamais reproché la moindre faute : le tribunal ne put les condamner. Mais par condescendance pour la rumeur publique qui ne méritait aucune condescendance, il ordonna un plus amplement informé d'un an, pendant lequel les accusés devaient demeurer en prison. Il y avait de la faiblesse à ces juges de retenir dans les fers deux personnes qu'ils croyaient innocentes. Il y eut bien de la dureté dans celui qui fesait les fonctions de procureur du Roi d'en appeler à *minima* au conseil d'Artois, tribunal souverain de la province.

Appeller à minima, c'est demander que celui qui a été condamné à une peine en subisse une plus terrible. C'est présenter requête contre la plus belle des vertus, la clémence. Cette jurisprudence d'antropophages était inconnue aux Romains. Il était permis d'appeller à César pour mitiger une peine, mais non pas pour l'agraver. Une telle horreur ne fut inventée que dans nos tems de barbarie. Les procureurs de cent petits souverains, pauvres & avides, imaginèrent d'abord de faire prononcer en dernière instance des amendes plus fortes que dans les premières : & bientôt après ils requirent que les supplices fussent plus cruels pour avoir un prétexte d'exiger des amendes plus fortes.

Le conseil souverain d'Artois qui siégeait

alors, & qui fut caſſé l'année ſuivante, ſe fit un mérite d'être plus ſévère que le tribunal de St. Omer. Les lecteurs qui pourront jetter les yeux ſur ce mémoire, & qui n'auront pas lu ce que nous écrivîmes dans ſon tems ſur cette horrible affaire, ne pourront démêler comment les juges d'Arras, ſans interroger les témoins néceſſaires, ſans confronter les accuſés avec les autres témoins entendus, oſèrent condamner Monbailli à être rompu vif & à expirer dans les flammes, & ſa femme à être brûlée.

Il faut donc qu'il y ait des hommes que leur profeſſion rende cruels, & qui goûtent une affreuſe ſatisfaction à faire périr leurs ſemblables dans les tourments! mais que ces êtres infernaux ſe trouvent ſi ſouvent dans une nation qui paſſe depuis environ cent ans pour la plus ſociable & la plus polie, c'eſt ce qu'on peut à peine concevoir. On avait, il eſt vrai, les exemples abſurdes & effroyables des Calas, des Sirven, des chevaliers de Labarre, & c'eſt préciſément ce qui devait faire trembler les juges d'Arras; il n'écoutèrent que leur illuſion barbare.

L'épouſe de Monbailli, âgée de vingt quatre

ans était groſſe, comme on l'a déjà dit. On attendit ſes couches pour exécuter ſon arrêt, & elle reſta chargée de fers dans un cachot d'Arras. Son mari fut reconduit à St. Omer pour y ſubir ſon ſupplice.

Ce n'eſt que chez nos anciens martyrs qu'on retrouve des exemples de la patience, de la douceur, de la réſignation de cet infortuné Monbailli ; proteſtant toujours de ſon innocence, mais ne s'emportant point contre ſes juges, ne s'en plaignant point, levant les yeux au ciel, & ne lui demandant point vengeance.

Le boureau lui coupa d'abord la main droite. *On ferait bien de la couper*, dit-il, *ſi elle avait commis un parricide*. Il accepta la mort comme une expiation de ſes fautes, en atteſtant Dieu qu'il était incapable du crime dont on l'accuſait. Deux moines qui l'exhortaient & qui ſemblaient plutôt des ſergents que des conſolateurs, le preſſaient dans les intervales des coups de barre d'avouer ſon crime. Il leur dit, *pourquoi vous obſtinez-vous à me preſſer de mentir ? Prenez-vous devant Dieu ce crime ſur vous ? Laiſſez-moi mourir innocent.*

Tous les aſſiſtans fondaient en larmes &

éclataient en sanglots. Ce même peuple qui avait poursuivi sa mort l'appellait le saint, le martyr; plusieurs recueillirent ses cendres.

Cependant le bucher dans lequel cette vertueuse victime expira, devait bientôt se rallumer pour sa femme. Elle avançait dans sa grossesse, & les cris de la ville de St. Omer ne l'auraient pas sauvée. Informés de cette catastrophe, nous prîmes la liberté d'envoyer un mémoire au chef suprême de toute la magistrature de France. Ses lumières & son équité avaient déjà prévenu notre requête. Il remit la revision du procès entre les mains d'un nouveau conseil établi dans Arras.

Ce tribunal déclara Monbailli & sa femme innocents. L'avocat qui avait pris leur défense, ramena en triomphe la veuve dans sa patrie; mais le mari était mort par le plus horrible supplice, & son sang crie encore vengeance. Ces exemples ont été si fréquents qu'il n'a pas paru plus nécessaire de mettre un frein aux crimes qu'à la cruauté arbitraire des juges.

On s'est flatté qu'enfin le grand projet de Louis XIV. de réformer la jurisprudence pourrait être exécuté, que les lumières naissantes de ce siècle mémorable augmentées par celles du nôtre, répandraient un jour plus favorable sur l'humanité. On a dit, nous verrons le tems où les loix seront plus claires & plus uniformes, où les juges motiveront leurs arrêts ; où un seul homme n'interrogera plus secretement un autre homme, & ne se rendra plus le seul maître de ses paroles, de ses pensées, de sa vie & de sa mort ; où les peines seront proportionnées aux délits ; où les tortures, inventées autrefois par des voleurs, ne seront plus mises en usage au nom des Princes. On forme encor ces vœux. Celui qui les remplira sera béni du siècle présent & de la postérité.

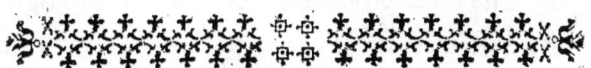

FRAGMENT
SUR
L'HISTOIRE GÉNÉRALE.

ARTICLE PREMIER.
Qu'il faut se défier de presque tous les monuments anciens.

IL y a plus de quarante ans que l'amour de la vérité, & le dégout qu'inspirent tant d'histoires modernes inspirèrent à une dame d'un grand nom, & d'un esprit supérieur à ce nom, l'envie d'étudier avec nous ce qui méritait le plus d'être observé dans le tableau général du monde ; tableau si souvent défiguré.

Cette dame, célèbre par ses connaissances singulières en mathématiques, ne pouvait souffrir les fables que le tems a consacrées ; qu'il est si aisé de répéter ; qui gâtent l'esprit & qui l'énervent.

Nombre prodigieux d'anciennes erreurs.

Elle était étonnée de ce nombre prodigieux de syftêmes fur l'ancienne chronologie, différents entr'eux d'environ mille années. Elle l'était encor davantage que l'hiftoire confiftât en recits de bataille fans aucune connaiffance de la tactique, excepté dans Xénophon & dans Polibe ; qu'on parlât fi fouvent de prodiges, & qu'on eut fi peu de lumière fur l'hiftoire naturelle ; que chaque auteur regardât fa fecte comme la feule vraie, & calomniât toutes les autres. Elle voulait connaître le génie, les mœurs, les loix, les préjugés, les cultes, les arts ; & elle trouvait qu'en l'année de la création du monde trois-mil, deux-cent, ou, trois-mil neuf-cent, il n'importe, un roi inconnu avait défait un roi plus inconnu encore, près d'une ville dont la fituation était entièrement ignorée.

Plufieurs favans recherchaient en quel tems Europe fut enlevée en Phénicie par Jupiter ; & ils trouvaient que c'étaient jufte treize-cent ans avant notre ère vulgaire. D'autres réfutaient cinquante - neuf opinions fur le jour de la naiffance de Romulus, fils du dieu Mars & de la veftale Rhea - Sylvia. Ils établiffaient un foixantième fyftême de chrono-

SUR L'HISTOIRE GÉNÉRALE.

logie. Nous en fîmes un soixante & unième ; c'était de rire de tous les contes sur lesquels on disputait sérieusement depuis tant de siècles.

Envain nous trouvions par toutes les médailles, des vestiges d'anciennes fêtes célébrées en l'honneur des fables ; des temples érigés en leur mémoire ; elles n'en étaient pas moins fables. La fête des Lupercales attesta, le 15 février, pendant neuf-cent ans, non-seulement le prodige de la naissance de Romulus & de Rémus, mais encor l'avanture de Faunus qui prit Hercule pour Omphale dont il était amoureux. Mille évènements étaient ainsi consacrés en Europe & en Asie. Les amateurs du merveilleux disaient : il faut bien que ces faits soient vrais, puisque tant de monuments en font la preuve. Et nous disions : il faut bien qu'ils soient faux, puisque le vulgaire les a crus. Une fable a quelque cours dans une génération ; elle s'établit dans la seconde, elle devient respectable dans la troisième ; la quatrième lui élève des temples. Il n'y avait pas, dans toute l'antiquité profane, un seul temple, une seule fête, un seul collège de prêtres, un seul usage, qui ne fut fondé sur une sottise. Tel fut le genre-humain ; & c'est

Monumens crus historiques, sont monumens de fables.

sous ce point de vue que nous l'envisageames.

Exemples. Quelle pouvait être l'origine du conte d'Hérodote, que le soleil, en onze cent années, s'était couché deux fois à l'orient ? Où Licophron avait-il pris qu'Hercule, embarqué sur le détroit de Calpé dans son gobelet, fut avalé par une baleine ; qu'il resta trois jours & trois nuits dans le ventre de ce poisson, & qu'il fit une belle ode dès qu'il fut sur le rivage.

Nous ne trouvons d'autre raison de tous ces contes que dans la faiblesse de l'esprit humain, dans le goût du merveilleux, dans le penchant à l'imitation, dans l'envie de surpasser ses voisins. Un roi Egyptien se fait ensevelir dans une petite piramide de douze à quinze pieds ; un autre veut être placé dans une piramide de cent ; un troisième va jusqu'à cinq ou six cent. Un de tes rois est allé dans les pays orientaux par mer ; un des miens est allé dans le soleil, & a éclairé le monde pendant un jour. Tu bâtis un temple à un bœuf ; je vais en bâtir un pour un crocodile. Il y a eu dans ton pays des géans qui étaient les enfans des génies & des fées : nous en aurons qui escaladeront le ciel & qui se battront à coups de montagnes.

Il était bien plus aifé, & même plus profitable d'imaginer & de copier tous ces contes que d'étudier les mathématiques. Car avec des fables, on gouvernait les hommes ; & les fages furent prefque toujours méprifés & écrafés par les puiffants. On payait un aftrologue, & on négligeait un géomètre. Cependant il y eut par tout quelques Sages qui firent des chofes utiles ; & c'était là ce que la perfonne illuftre dont nous parlons voulait connaître.

L'hiftoire univerfelle anglaife, plus volumineufe que le difcours de l'éloquent Boffuet n'eft court & refferré, n'avait point encor paru. Les Savans, qui travaillerent depuis avec un Juif & deux Presbitériens à ce grand ouvrage, eurent un but tout différent du nôtre. Ils voulaient prouver que la partie du mont Ararat, fur laquelle l'arche de Noë s'arrêta, était à l'orient de la pleine de Sénaar, ou Shinaar, ou Seniar ; que la tour de Babel n'avait point été bâtie à mauvaife intention ; qu'elle n'avait qu'une lieue & un quart de hauteur, & non pas cent trente-lieues, comme des exagérateurs l'avaient dit ; que *la confufion des langues à Babel produifit dans le monde les effets les plus heureux & les plus admirables :* ce font leurs propres paroles. Ils examinaient avec attention lequel avait le mieux calculé ou du favant Pétau qui comptait fix-cent vingt-trois milliards, fix-cent douze millions d'hommes fur la terre, environ trois fiécles après le déluge de Noë, ou du favant Cumberland qui n'en comptait que trois milliards trois-cent trente-trois mille. Ils recherchaient fi Ufaphed, roi d'Egypte, était fils ou neveu du roi Véneph. Ils favaient pourquoi Cayomarat, ou Cayoumaras, ayant été le premier roi de Perfe, cependant fon petit-fils Siamek paffa pour être l'Adam des Hébreux, inconnu à tous les autres peuples.

Pour nous, notre feule intention était d'étudier les arts & les mœurs.

Comme l'hiftoire du refpectable Boffuet finiffait à Charlemagne, madame du Chatelet nous pria de nous inftruire en général avec elle de ce qu'était alors le refte du monde, & de ce qu'il a été jufqu'à nos jours. Ce n'était pas une chronologie qu'elle voulait, un fimple almanach antique des naiffances, des mariages & des morts de Rois, dont les noms font à peine parvenus jufqu'à nous, & encor tout falfifiés. C'était l'efprit des hommes, qu'elle voulait contempler.

Nous commençames nos recherches par l'orient, dont tous les arts nous sont venus avec le tems. Il n'est aucune histoire qui commence autrement ; ni le prétendu Hermès, ni Manéton, ni Bérose, ni Sanconiaton, ni les Shasta, ni les Veidam indiens, ni Zoroastre, ni les premiers auteurs Chinois ne portèrent ailleurs leurs premiers regards ; & l'auteur inspiré du Pentateuque ne parla point de nos peuples occidentaux.

ARTICLE SECOND.

De la Chine.

IL ne nous fallut ni de profondes recherches, ni un grand effort pour avouer que les Chinois, ainsi que les Indiens, ont précédé dès longtems l'Europe dans la connaissance de tous les arts nécessaires. Nous ne sommes point enthousiastes des lieux éloignés & des tems antiques ; nous savons bien que l'orient entier, loin d'être aujourd'hui notre rival en mathématiques & dans les beaux arts, n'est pas digne d'être notre écolier ; mais s'ils n'ont pas décoré, comme nous, le grand édifice des arts, ils l'ont construit. Nous crumes, sur la foi des voyageurs & des missionnaires de toute espèce, tous d'accord ensemble, que les Chinois inventèrent l'imprimerie environ deux mille ans avant qu'on l'imitât dans la basse Allemagne; car on y grava d'abord des planches en bois comme à la Chine, & ce ne fut qu'après ce tatonnement de l'art qu'on parvint à l'admirable invention des caractères mobiles. Nous dimes que les Chinois n'ont jamais pu imiter à leur tour l'imprimerie d'Europe. Mr. Warburton, qui ne hait pas à tomber sur les français, crut que nous proposions aux Chinois de fondre des caractères de leurs quatre-vingt dix mille mots symboliques. Non; mais nous désirames que les Chinois adoptassent enfin l'alphabet des autres nations, sans quoi il ne sera guères possible qu'ils fassent de grands progrès dans des sciences qu'ils ont inventées.

Des inventions réelles des Chinois.

Toutefois leur méthode de graver sur planche nous paraît avoir de grands avantages sur la nôtre. Premièrement, le graveur qui imprime, n'a pas besoin d'un fondeur. Secondement, le livre n'est pas sujet à périr, la planche reste. Troisièmement, les fautes se corrigent aisément

Imprimerie ou gravure.

après l'impreſſion. Quatrièmement, le graveur n'imprime qu'autant d'exemplaires qu'on lui en demande, & par là on épargne cette énorme quantité d'imprimés qui chez nous ſe vendent au poids pour ſervir d'envelopes aux ballots.

Il paraît inconteſtable qu'ils ont connu le verre avant nous. L'auteur des *Recherches phi-loſophiques ſur les Egyptiens & ſur les Chinois*, vrai ſavant puiſqu'il penſe, & qui ne paraît pas trop prévenu en faveur des modernes, dit que les Chinois n'ont encor que des fenêtres de papier. Nous en avons auſſi beaucoup, & ſur-tout dans nos provinces méridionales; mais des officiers très-digne de foi, nous ont aſſuré qu'ils avaient été invités à diner, auprès de Canton, dans des maiſons dont les fenêtres étaient figurées en arbres chargées de feuilles & de fruits, qui portaient entre leurs branches de beaux deſſeins d'un verre très-tranſparent.

Il n'y a pas ſoixante ans que notre Europe a imité la porcelaine de la Chine : nous la ſur-paſſons à force de ſoins; mais ces ſoins mêmes la rendent très-chère, & d'un uſage peu com-mun. Le grand ſecret des arts eſt que toutes les conditions puiſſent en jouïr aiſément.

Mr. P...., auteur des *Réflexions philoſo-*

Verre.

phiques, ne fait pas des réflexions indulgentes. Il reproche aux Chinois leurs tours vernissées à neuf étages, sculptées, & ornées de clochettes. Quel est l'homme pourtant qui ne voudrait pas en avoir une au bout de son jardin, pourvu qu'elle ne lui cachât pas la vue ? Le grand prêtre juif avait des cloches au bas de sa robe ; nous en mettons au cou de nos vaches & de nos mulets. Peut-être qu'un carillon aux étages d'une tour serait assez plaisant.

Il condamne les ponts, qui sont si élevés, que les mâts de tous les batteaux passent facilement sous les arcades ; & il oublie que sur les canaux d'Amsterdam & de Rotterdam on voit cent ponts levis qu'il faut lever & baisser plusieurs fois jour & nuit.

Architecture.

Il méprise les Chinois, parce qu'ils aiment mieux construire leurs maisons en étendue qu'en hauteur. Mais du moins il faudrait avouer qu'ils avaient des maisons vernies, plusieurs siécles avant que nous eussions des cabanes où nous logions avec notre bétail, comme on fait encor en Vestphalie. Au reste, chacun suit son goût. Si l'on aime mieux loger à un septième étage, *ubi ponunt ova columbæ* ; qu'au rez-dechaussée ; si l'on préfére le danger du feu &

l'iml'impossibilité de l'éteindre, quand il prend au faîte d'un logis, à la facilité de s'en sauver, quand la maison n'a qu'un étage ; si les embarras, les incommodités, la puanteur, qui résultent de sept étages établis les uns sur les autres sont plus agréables que tous les avantages attachés aux maisons basses, nous ne nous y opposons pas. Nous ne jugeons point du mérite d'un peuple par la façon dont il est logé ; nous ne décidons point entre Versailles & la grande maison de plaisance de l'empereur Chinois, dont frère Attiret nous a fait depuis peu la description.

Nous voulons bien croire qu'il y eut autrefois en Egypte un roi appelé d'un nom qui a quelque rapport à celui de Sésostris ; lequel n'est pas plus un mot égyptien que celui de Charles & de Fédéric. Nous ne disputerons point sur une prétendue muraille de trente lieues que ce prétendu Sésostris fit élever pour empêcher les voleurs arabes de venir piller son pays. S'il construisit ce mur pour n'être point volé, c'est une grande présomption qu'il n'alla pas lui-même voler les autres nations, & conquérir la moitié du monde pour son plaisir, sans se soucier de la gouverner, comme nous

Grande muraille.

I

l'assure Mr. Larchet répétiteur au collège Mazarin.

Nous ne croyons pas un mot de ce qu'on nous dit d'une muraille bâtie par les Juifs, commençant au port de Joppé, qui ne leur appartenait point, jusqu'à une ville inconnue, nommée Carpasabé, tout le long de la mer, pour empêcher un roi Antiochus de s'avancer contr'eux par terre. Nous laissons là tous ces retranchements, toutes ces lignes qui ont été d'usage chez tous les peuples. Mais il faut convenir que la grande muraille de la Chine est un des monuments qui font le plus d'honneur à l'esprit humain. Il fut entrepris trois-cent ans avant notre ère : la vanité ne le construisit pas, comme elle bâtit les piramides. Les Chinois n'imitèrent point les Huns qui élevèrent des palissades de pieux & de terre pour s'y retirer après avoir pillé leurs voisins. L'esprit de paix seul imagina la grande muraille. Il est certain que la Chine, gouvernée par les loix, ne voulut qu'arrêter les Tartares qui ne connaissaient que le brigandage. C'est encor une preuve que la Chine n'avait point été peuplée par des Tartares, comme on l'a prétendu. Les mœurs, la langue, les usages, la religion,

SUR LA CHINE.

le gouvernement étaient trop opposés. La grande muraille fut admirable & inutile : le courage & la discipline militaire euffent été des ramparts plus affurés.

Mr. P.... a beau regarder avec des yeux de mépris tous les ouvrages de la Chine, il n'empêchera pas que le grand canal, fait de main d'homme, dans la longueur de cent-foixante de nos grandes lieues, & les autres canaux qui traverfent ce vafte empire, ne foient un exemple qu'aucune nation n'a pu encor imiter : les Romains mêmes ne tentèrent jamais une telle entreprife.

Grand canal.

ARTICLE TROISIEME.

De la population de la Chine & des mœurs.

Voilà donc deux travaux immenfes qui n'ont eu pour but que l'utilité publique; la grande muraille qui devait défendre l'empire Chinois, & les canaux qui favorifent fon commerce. Joignons-y un avantage encor plus grand, celui de la population, qui ne peut être que le fruit de l'aisance & de la sûreté de chaque citoyen dans sa petite possession en tems de paix ; car les mandians ne se marient en aucun lieu du monde. La poligamie ne peut être regardée comme contraire à la population ; puisque par le fait les Indes, la Chine, le Japon, où la poligamie fut toujours reçue, sont les pays les plus peuplés de l'univers. S'il est permis de citer ici nos Livres sacrés, nous dirons que Dieu même, en permettant aux Juifs la pluralité des femmes, leur promit *que leur race serait multipliée comme les sables de la mer.*

<small>Population & poligamie.</small> On allègue que la nature fait naître à peu près autant de femelles que de mâles, & que par conséquent si un homme prend quatre femmes, il y a trois hommes qui en manquent. Mais il est avéré aujourd'hui que dans toute l'Europe, s'il naît un dix-septième de plus d'hommes que de femmes, il en meurt aussi beaucoup plus avant l'âge de trente ans, par la guerre, par la multitude des professions pénibles, plus meurtrières encor que la guerre, & par les débauches non moins funestes. Il en est probablement de même en Asie. Tout Etat, au bout de trente ans, aura donc moins de

mâles que de femelles. Comptés encor les Eunuques & les Bonzes, il restera peu d'hommes. Enfin, observez qu'il n'y a que les premiers d'un Etat, presque toujours très-opulents, qui puissent entretenir plusieurs femmes, & vous verrez que la poligamie peut être non-seulement utile à un Empire, mais nécessaire aux Grands de cet Empire.

Considérez sur-tout que l'adultère est très-rare dans l'orient, & que dans les Harem gardés par des Eunuques il est impossible. Voyez au contraire comme l'adultère marche la tête levée dans notre Europe ; quel honneur chacun se fait de corrompre la femme d'autrui ; quelle gloire se font les femmes d'être corrompues ; que d'enfans n'appartiennent pas à leurs pères ! combien les races les plus nobles sont mêlées & dégénérées ! Jugez après cela lequel vaut le mieux ou d'une poligamie permise par les loix, ou d'une corruption générale authorisée par les mœurs.

Si dans la Chine plusieurs femmes de la lie du peuple exposent leurs enfans dans la crainte de ne pouvoir les nourrir, c'est peut-être encor une preuve en faveur de la poligamie : car si ces femmes avaient été belles, si elles avaient pu entrer dans quelque ferrail, leurs enfans auraient été élevés avec des soins paternels.

Nous fommes loin d'infinuer qu'on doive établir la poligamie dans notre Europe chrétienne. Le Pape Grégoire II, dans fa Décrétale adreffée à St. Boniface, permit qu'un mari prit une feconde femme, quand la fienne était infirme. Luther & Mélancton permirent au Landgrave de Heffe deux femmes, parce qu'il avait au nombre de trois ce qui chez les autres fe borne à deux. Le chancelier d'Angleterre Cowper, qui était dans le cas ordinaire, époufa cependant deux femmes, fans demander permiffion à perfonne; & ces deux femmes vécurent enfemble dans l'union la plus édifiante; mais ces exemples font rares.

Quant aux autres loix de la Chine, nous avons toujours penfé qu'elles étaient imparfaites, puifqu'elles font l'ouvrage des hommes qui les exécutent. Mais, qu'on nous montre un autre pays, où les bonnes actions foient récompenfées par la loi? où le laboureur le plus vertueux & le plus diligent foit élevé à la dignité de Mandarin, fans abandonner fa charrue? Par tout on punit le crime : il eft plus beau fans-doute d'encourager à la vertu.

A l'égard du caractère général des nations, la nature l'a formé. Le fang des Chinois & des Indiens eft peut-être moins âcre que le nôtre, leurs mœurs plus tranquilles. Le bœuf eft plus lent que le cheval ; & la laitue diffère de l'abfynthe.

Le fait eft qu'à notre orient & à notre occident la nature a de tout tems placé des multitudes d'êtres de notre efpèce que nous ne connaiffons que d'hier. Nous fommes fur ce globe comme des infectes dans un jardin : ceux qui vivent fur un chêne rencontrent rarement ceux qui paffent leur courte vie fur un orme.

Rendons juftice à ceux que notre induftrie & notre avarice ont été chercher par delà le Gange ; ils ne font jamais venus dans notre Europe pour gagner quelque argent ; ils n'ont jamais eu la moindre penfée de fubjuguer notre entendement ; & nous avons paffé des mers inconnues pour nous rendre maîtres de leurs tréfors, fous prétexte de leur rendre le fervice de gouverner leurs ames.

Quand les Albuquerques vinrent ravager les côtes de Malabar, ils menaient avec eux des marchands, des miffionnaires, & des foldats. Les miffionnaires batifaient les enfans que les soldats égorgeaient. Les marchands partageaient le gain avec les capitaines ; le ministère portugais les rançonnait tous ; & des auteurs moines, traduits ensuite par d'autres moines, tranfmettaient à la poftérité tous les miracles que fit la fainte Vierge dans l'Inde pour enrichir des marchands Portugais.

Les Européans entraient alors dans deux mondes nouveaux ; celui de l'occident a été prefque tout entier noyé dans fon fang. Si des fanatiques d'Europe ne font pas venus à bout d'exterminer l'orient, c'eft qu'ils n'en ont pas eu la force ; car le defir ne leur a pas manqué; & ce qu'ils ont fait au Japon ne l'a prouvé que trop à leur honte éternelle.

Ce n'eft pas ici le lieu de retracer aux yeux épouvantés des lecteurs judicieux ces portraits que nous avons déjà expofés, de la fubverfion de tant d'Etats facrifiés aux fureurs de l'avarice, & de la fuperftition plus cruelle encor que la foif des richeffes. Contenons-nous dans les bornes des recherches hiftoriques.

ARTICLE QUATRIEME.

Si les Egyptiens ont peuplé la Chine, & si les Chinois ont mangé des hommes.

Nous avons toujours soupçonné que les grands peuples des deux continents ont été *autoctones*, indigènes; c'est-à-dire, originaires des contrées qu'ils habitent, comme leurs quadrupédes, leurs singes, leurs oiseaux, leurs reptiles, leurs poissons, leurs arbres & toutes leurs plantes.

Les rangiferes de la Laponie, & les girafes d'Afrique ne descendent point des cerfs d'Allemagne & des chevaux de Perse. Les palmiers d'Asie ne viennent point des poiriers d'Europe. Nous avons cru que les Nègres n'avaient point des Irlandais pour ancêtres. Cette vérité est si démontrée aux yeux, qu'elle nous a paru démontrée à l'esprit; non que nous osions avec St. Thomas, (*) dire que l'Etre-suprême agissant de toute éternité, ait produit de toute

<small>Que chaque climat eut ses habitans.</small>

(*) *Summa Catholicæ fidei*, liv. 2, chap. 32.

éternité ces races d'animaux qui n'ont jamais changé parmi les bouleverſemens d'une terre qui change toujours. Il ne nous appartient pas de nous perdre dans ces profondeurs ; mais nous avons penſé que ce qui eſt, a du moins été longtems. Il nous a paru par exemple que les Chinois ne deſcendent pas plus d'une colonie d'Egypte que d'une colonie de baſſe-Bretagne. Ceux qui ont prétendu que les Egyptiens avaient peuplé la Chine, ont exercé leur eſprit & celui des autres. Nous avons applaudi à leur érudition & à leurs efforts ; mais ni la figure des Chinois, ni leurs mœurs, ni leur langage, ni leur écriture, ni leurs uſages, n'ont rien de l'antique Egypte. Ils ne connurent jamais la circonciſion : aucune des divinités égyptiennes ne parvint juſqu'à eux : ils ignorèrent toujours les myſtères d'Iſis.

Les Egyptiens ne connurent jamais la Chine.

Mr. P...., auteur des Réflexions Philoſophiques, a traité d'abſurde ce ſyſtême, qui fait des Chinois une colonie égyptienne, & il ſe fonde ſur les raiſons les plus fortes. Nous ne ſommes pas aſſez ſavants pour nous ſervir du mot *abſurde* ; nous perſiſtons ſeulement dans notre opinion, que la Chine ne doit rien à l'Egypte. Le père Parennin l'a démontré à Mr.

de Mairan. Quelle étrange idée dans deux ou trois têtes de français, qui n'étaient jamais sortis de leur pays, de prétendre que l'Egypte s'était transportée à la Chine, quand aucun Chinois, aucun Egyptien n'a jamais avancé une telle fable.

D'autres ont prétendu que ces Chinois si doux, si tranquilles, si aisés à subjuguer & à gouverner, ont dans les anciens tems sacrifié des hommes à je ne sais quel Dieu, & qu'ils en ont mangé quelquefois. Il est digne de notre esprit de contradiction de dire que les Chinois immolaient des hommes à Dieu, & qu'ils ne reconnaissaient pas de Dieu. Pour le reproche de s'être nourris de chair humaine, voici ce que le père Parenin avoue à Mr. de Mairan (*).

<small>Les Chinois ont-ils été antropophages?</small>

» Enfin si l'on ne distingue pas les tems de
» calamités des tems ordinaires, on pourra dire
» de presque toutes les nations & de celles qui
» sont les mieux policées, ce que les Arabes
» ont dit des Chinois : car on ne nie pas ici
» que des hommes réduits à la dernière ex-
» trêmité n'ayent quelquefois mangé de la chair

(*) Dans sa lettre datée de Pekin du 11 Auguste 1730 page 163, Tom. XXI. des *Lettres édifiantes*, édition de Paris 1734.

» humaine ; mais on ne parle aujourd'hui qu'a-
» vec horreur de ces malheureux tems, aux-
» quels, difent les Chinois, le ciel irrité contre
» la malice des hommes, les puniffait par le
» fleau de la famine, qui les portait aux plus
» grands excès.

» Je n'ai pas trouvé néanmoins que ces hor-
» reurs foient arrivées fous la dynaftie des
» *Tang*, qui eft le tems auquel ces Arabes
» affurent qu'ils font venus à la Chine, mais
» à la fin de la dynaftie des *Han* au fecond
» fiècle après Jéfus-Chrift. «

Ces Arabes, dont parlent Mrs. de Mairan & Parennin, font les mêmes que nous avons déja cités ailleurs. Ils voyagèrent, comme nous l'avons dit, à la Chine au milieu du neuviéme fiècle, quatre-cent ans avant ce fameux vénitien Marco Paolo, qu'on ne voulut pas croire lorfqu'il difait qu'il avait vu un grand peuple plus policé que les nôtres ; des villes plus vaf-tes ; des loix meilleures en plufieurs points. Les deux Arabes y étaient abordés dans un tems malheureux après des guerres civiles & des invafions de barbares au milieu d'une fa-mine affreufe. On leur dit, par interprêtes, que la calamité publique avait été au point que plusieurs personnes s'étaient nourries de cadavres humains. Ils firent comme presque tous les voyageurs, ils mêlerent un peu de vérité à beaucoup de mensonges.

Le nombre des peuples, que ces deux Arabes nomment antropophages, est étonnant : ce sont d'abord les habitans d'une petite île auprès de Ceylan, peuplée de noirs. Plus loin sont d'autres îles qu'ils appellent Rammi & Angaman, où les peuples dévoraient les voyageurs qui tombaient entre leurs mains. Ce qu'il y a de triste, c'est que Marco Paolo dit la même chose, & que l'archevêque Navarette l'a confirmé au dix-septième siècle, *à los Europeos que cogen es constante que vivos se los van comiendo.*

Texera dit que les Javans avaient encor cette abominable coutume au commencement du seizième siècle, & que le mahométisme a eu de la peine à l'abolir. Quelques hordes de Caffres & d'Affriquains ont été accusés de cette horreur.

Si on ne nous a point trompés sur la Chine; si dans un de ces tems désastreux, où la faim ne respecte rien, quelques Chinois se livrèrent à une action de désespoir qui soulève la nature, souvenons-nous toujours qu'en Hollande la canaille de La-Haye mangea de nos jours le cœur du respectable de Wit, & que la canaille de Paris mangea le cœur du maréchal d'Ancre. Mais souvenons-nous aussi que ceux qui percèrent ces cœurs furent cent fois plus coupables que ceux qui les mangèrent. Songeons à nos Matines de Paris, à nos Vêpres de Sicile, en pleine paix; aux massacres d'Irlande, pendant lesquels les Irlandais catholiques fesaient de la chandelle avec la graisse des Anglais protestants. Songeons aux massacres des vallées du Piémont, à ceux du Languedoc & des Cévennes, à ceux de tant de millions d'Amériquains par des Espagnols qui recitaient leur rosaire, & qui établissaient des boucheries publiques de chair humaine. Détournons les yeux & passons vite.

ARTICLE CINQUIEME.

Des anciens établissements & des anciennes erreurs avant le siècle de Charlemagne.

AVant de venir au mémorable siècle de Charlemagne, il fallut voir quelles révolutions avaient amené ce siècle dans notre occident, & comment les deux religions chrétienne & musulmane s'étaient partagé le monde depuis le golphe de Perse jusqu'à la mer Atlantique. C'était un grand spectacle, mais une pénible recherche : il fallut presser cent quintaux de mensonges pour en extraire une once de vérités. La foule des auteurs, qui n'ont écrit que pour nous tromper, est effraiante. Qu'on en juge seulement par cinquante évangiles apocriphes, écrits dès le premier siècle de notre ère, & suivis sans interruption de fables absurdes, jusqu'aux fausses décrétales forgées au siècle de Charlemagne, & jusqu'à la donation de Constantin, & cette donation de Constantin suivie de la légende dorée, & cette légende dorée renforcée par la fleur des Saints, & cette fleur des Saints perfectionnée par le pédagogue Chrétien ; le tout couronné par les miracles de l'abbé Paris dans le fauxbourg St. Médard au dix-huitième siècle.

Nous osames d'abord douter de ces donations immenses faites aux Evêques de Rome par Charlemagne & par son fils, & surtout des donations de pays que Charle & Louis le faible ne possédaient pas. Mais nous ne prétendîmes point mettre en doute le droit que les Papes ont acquis par le tems sur les pays qu'ils possédent. Ils en sont souverains, comme les évêques d'Allemagne sont souverains dans leurs diocèses. Leurs droits ne sont pas à la vérité écrits dans l'Evangile. Une religion, formée par des pauvres & qui anathématise la richesse & l'esprit de domination, n'a pas ordonné à ses prêtres de monter sur des trônes & d'armer leurs mains du glaive ! Mais rien n'existe aujourd'hui de ce qu'était l'Eglise dans son origine ; le tems a tout changé & changera tout encore ; il a établi dans notre occident les souverainetés des barbares vomis de la Scythie, & changé les chaires d'instruction en trônes. Nous avons respecté ces dominations nouvelles

velles dans notre hiftoire, & nous avons même remarqué combien notre antique barbarie les avait rendues néceffaires. Quelques jéfuites, & fur-tout je ne fais quel Nonote, écrivirent alors contre nous avec plus d'amertume que de fcience. Ils nous accusèrent d'avoir été peu refpectueux envers St. Pierre & St. Charlemagne. Ils ne fe doutaient pas alors que les fuccefleurs de Charlemagne & de Pierre aboliraient l'ordre des jéfuites, & que les généraux cafferaient leurs foldats mal payés. Quoique nous euffions parlé de l'établiffement du Chriftianifme avec le plus profond refpect, on nous accufa cependant d'en avoir un peu manqué.

On voulut nous écrafer fous foixante volumes de Pères de l'Eglife, pour nous prouver que St. Pierre avait été à Rome, fans que St. Luc & St. Paul en euffent jamais parlé; qu'il avait été *fur le trône épifcopal de Rome*, quoiqu'affurément il n'y eut point de trône épifcopal en ce tems-là, ni même d'évêques d'aucun diocèfe. La principale démonftration du voyage de St. Pierre à Rome, fe tirait d'une lettre qu'il avait écrite & datée de Babylone : or Babylone fignifiait évidemment

K

Rome, comme Falaise signifie Perpignan. Les autres preuves étaient fondées sur certains contes d'un Abdias, d'un Marcel & d'un Egésippe, qui n'étaient dignes assurément d'être ni pères ni fils de l'Eglise.

Livres apocrifes d'Abdias, de Marcel, & d'Egésippe.Ces feseurs de mille & une nuits nous contaient donc que Simon-Pierre, étant venu à Rome, (quoique sa mission fut pour les circoncis) y rencontra le magicien Simon, qui se changeait tantôt en brebis & tantôt en chèvre. Ce Simon d'abord lui envoya faire un compliment par un de ses chiens, auquel Simon-Pierre répondit fort poliment. Ils se brouillèrent ensuite pour un cousin de l'empereur Néron, qui était mort. Simon, qu'on appellait Vertu de Dieu, défia St. Pierre à qui ressusciterait le mort. Simon le fit remuer; mais Pierre le fit marcher, & gagna la gageure. Ensuite ils se défièrent au vol, en présence de l'empereur. Simon vola dans les airs mieux que Dédale; mais Pierre pria le Seigneur si ardemment de faire tomber Simon Vertudieu, comme Icare, qu'il tomba & se cassa les jambes. Néron, indigné de voir son sorcier estropié, fit crucifier Pierre les pieds en haut, & couper la tête à Paul, &c...&c... Cela arriva la dernière année de Néron. Pierre avait gouverné l'églife vingt-cinq ans fous cet empereur, qui n'en règna que treize.

Ce livre d'Abdias, écrit en fyriaque, fut traduit en grec par fon difciple nommé Eutrope, & nous l'avons en latin de la traduction de Jules-Affriquain, homme favant du troifième fiècle, & prefque un Père de l'églife par fes autres écrits.

Quoiqu'il en foit, que St. Pierre eût fait ou non le voyage de Rome, cela était abfolument indifférent pour le gouvernement de l'églife. Ce gouvernement fut modélé du tems de Conftantin, fur l'adminiftration politique de l'empire. Les principaux fièges, Rome, Conftantinople, Alexandrie, devaient avoir l'autorité principale. Et de même que les rois d'Efpagne régnèrent en ce pays, foit que Tubal ou Hercule l'eut peuplé, de même que la race des Francs pofféda les Gaules, foit qu'elle defcendit de Francus fils d'Hector, foit qu'elle eut une autre origine; ainfi les Papes dominèrent bientôt dans la ville Impériale du confentement même des Romains, fans fe mettre en peine fi la première églife de cette capitale avait été dédiée à St. Jean de Latran, ou à St Pierre hors des murs. Ainsi les patriarches des grandes villes de Constantinople & d'Alexandrie eurent plus d'honneurs, de richesses & d'autorité que des évêques de village. Les hommes d'état n'établissent guères leurs droits sur des discussions théologiques: ils vont au solide & ils laissent leurs écrivains s'épuiser en citations & en arguments.

ARTICLE SIXIEME.

Fausses Donations.
Faux Martyres.
Faux Miracles.

LA vérité de l'histoire, bien plus utile qu'on ne pense, nous força d'examiner les fausses légendes aussi attentivement que le voyage de St. Pierre. Nous crûmes que le mensonge ne pouvait que deshonorer la Religion. Les miracles de Jesus-Christ & des Apôtres sont si vrais, qu'on ne doit pas risquer d'affaiblir le profond respect qu'on a pour eux, en leur associant de faux prodiges. Admirons, célébrons, révèrons le Lazare ressuscité ; le bienfait des noces de Canaa; les démons chassés du corps des possédés; ces esprits immondes précipités dans les corps d'animaux, immondes comme eux, & noyés avec eux dans le lac de Génézareth; le Fils de Dieu enlevé sur le faîte du temple & sur une montagne par l'ennemi de Dieu & des hommes; Jésu confondant d'un seul mot cet éternel ennemi qui osait proposer à Dieu même d'adorer le diable; Jésu transfiguré sur le Thabor pour manifester sa gloire à Moïse & à Elie qui viennent du sein des morts recevoir ses leçons éternelles; Jésu la source de la vie; Jésu créateur du genre-humain, mourant pour le genre-humain; les morts ressuscitants quand il expire, & remplissant les rues de Jérusalem; le soleil s'éclipsant en plein midi & en pleine lune par toute la terre, à la confusion de tout l'empire Romain, assez aveugle pour négliger ce grand évènement; le St. Esprit descendant en langue de feu sur les Apôtres, &c.... Ces vrais miracles sont assez nombreux, assez avérés. Des hommes inspirés les ont écrits; tout lecteur judicieux les apprécie; tout bon Chrétien les adore.

Mais c'était (nous osons le dire) une

impiété & une folie de vouloir soutenir ces prodiges que Dieu daigna lui-même opérer en Judée, par des fables absurdes que des hommes inconnus ont inventées tant de siècles après.

La personne illustre qui étudia l'histoire avec nous, fut très-scandalisée qu'un jésuite, nommé Papébroke, prétendit avoir traduit un manuscrit grec qui contenait le martyre de St. Théodote cabaretier, & de sept Vierges, âgées de soixante & douze ans chacune, que le gouverneur de la ville d'Ancyre condamna à livrer leur pucelage aux jeunes-gens de la ville. Cette sentence, portée contre ces sept vieilles, ou plutôt contre ces jeunes-gens, était encor la plus simple & la moins merveilleuse anectote de toute cette avanture. La légende de ce saint cabaretier, & de son ami le curé Frontin est assez connue.

On arrache la langue à St. Romain, qui était bègue, & aussi-tôt il parle avec la plus grande volubilité; & l'auteur, grand phisicien, remarque *qu'il est impossible de vivre sans langue*; ce qui rend le miracle plus beau.

Que dire de St. Paulin, qui voyant un possédé se promenant la tête en bas, comme une mouche, à la voûte d'une église, envoya vite chercher des reliques de St. Félix de Nole : dès qu'elles furent arrivées, le possédé tomba par terre.

Est-il possible qu'on ait écrit sérieusement que St. Denis l'aréopagite, étant venu d'Athènes à Paris, fut pendu à Montmartre; qu'il prêcha du haut de la potence dès qu'il fut étranglé, & qu'ensuite il porta sa tête entre ses bras, dès qu'il eut le cou coupé ?

Nous pourrions citer trois morts ressuscités en un jour par St. Dominique; vingt-huit aveugles, quatre possédés, six lépreux, trois sourds, trois muets guéris & quatre morts ressuscités, le tout par St. Victor.

Saint Maclou, pressé de ressusciter un mort, répond : Qu'il attende que j'aye dit ma messe. La messe finie, il le ressuscite : le mort demande à boire, soudain St. Maclou change de l'eau en vin, un caillou en gobelet, un ballai en serviette. Le mort boit & reconnaît, que ces trois miracles sont à l'honneur de la Trinité. C'est-là pourtant ce qu'écrivent les jésuites Ribadeneira & Antoine Girard, dans la vie des Saints.

On a écrit ; & depuis la renaissance des

lettres on a imprimé plus de dix-mille contes de cette force. Le bénédictin Ruinard nous en a donné de pareils dans ses prétendus *Actes sincères*, qui sont évidemment du treizième siècle, & tous écrits du même stile. C'est là qu'il renouvelle l'histoire du cabaretier Théodote, & de la langue de Romain.

On rendit à la raison & à la religion le service de détruire ces fables : elles étaient encor si accréditées, qu'un jésuite, nommé Nonote, prit leur défense, & fut même secondé par quelques écrivains.

Plusieurs regardaient comme un article de foi l'apparition du Labarum dans les nuées. Ils ne savaient si c'était vers Besançon, ou vers Troye, ou vers Rome ; & si l'inscription était en latin ou en grec ; mais ils étaient sûrs de l'apparition.

Par quel excès de démence a-t-on écrit & repété si souvent que dans l'année 287, au tems même que Dioclétien favorisait le plus notre sainte religion, lorsque les principaux officiers de son palais étaient chrétiens, lorsque sa femme était chrétienne, cet empereur fit couper la tête à toute une légion, appellée Thébaine, composée de six-mille sept-

Fausseté du massacre de la légion Thébienne.

cent hommes, & cela parce qu'elle était chrétienne ? Nous avions anéanti cette fable impertinente attribuée à l'abbé Eucher, depuis évêque de Lyon, mort en 454, cent soixante-sept ans après cette avanture. Nous avions fait voir combien il était ridicule d'attribuer à cet évêque une rapsodie, dans laquelle il est parlé, avant l'année quatre-cent cinquante-quatre, du roi de Bourgogne Sigismond, qui mourut en 523. Cette ineptie était assez sensible. Nous avions prouvé qu'aucun auteur ne parla jamais d'une légion Thébaine. Il y avait trois légions en Egypte ; mais aucune n'était composée d'habitans de Thèbes. Cette prétendue légion n'avait pu arriver d'orient en occident par le Valais, comme on le dit ; elle n'avait pu être entourée de troupes supérieures en nombre qui l'auraient égorgée dans le petit défilé d'Agaune, où l'on ne peut ranger deux-cent hommes en bataille ; & où la moitié d'une cohorte aurait aisément arrêté toutes les légions de l'empire Romain. Ce monstrueux amas de bêtises méritait d'être développé ; & il s'est trouvé un Nonote qui les a défendues comme son bien propre. Il a intitulé son livre, *nos erreurs*, & il a trouvé des dévotes qui l'ont cru sur sa parole.

ARTICLE SEPTIEME.

*De David, de Constantin, de Théo-
dose, de Charlemagne, &c.*

Après les exemples continuels d'injustice, de cruauté, de meurtre, de brigandage, dont l'histoire de presque toutes les nations est surchargée, il nous parut utile & consolant de ne pas canoniser ces crimes chez les Princes, de quelque religion qu'ils fussent. David était sans-doute un bon Juif; mais ce n'était pas une chose honnête (humainement parlant) de se révolter contre son Souverain, de se mettre à la tête de quatre cent voleurs, de rançonner, de piller ses compatriotes, de trahir à la fois sa patrie, & le roitelet Achis son bienfaiteur; de massacrer tout dans les villages de ce bienfaiteur, jusqu'aux enfans à la mamelle, afin qu'il ne restât personne pour le dire; de faire cuire dans des fours; de déchirer sous des herses de fer les habitans de Rabath; de scier le crâne & la poitrine aux autres Amorréens; d'écraser sous des chariots leurs membres palpitants; de donner sept enfans du roi Saül son maître aux Gabaonites, pour les pendre, &c... &c.... &c... &c...

Plus nous étions touchés respectueusement de son repentir, plus il nous sembla qu'en effet jamais repentir ne fut mieux fondé. Nous fûmes même très-étonnés qu'on chantât encor, dans quelques églises, des hymnes attribuées à David, dans lesquelles il est dit : *Heureux, qui prendra tes petits enfans, & qui les écrasera contre la pierre !* Pseaume 137. *Que vos pieds soient teints de leur sang, & que la langue de vos chiens en soit abreuvée !* Ps. 67. On y peut chercher un sens mystique ; mais le sens naturel est dur. Il nous semble qu'on aurait pu s'attacher aux pseaumes qui enseignent la clémence plus qu'à ceux qui célèbrent la cruauté. Nous respectâmes le texte ; mais nous ne pouvions fouler aux pieds la nature.

Le même esprit d'équité nous anima, quand nous nous crûmes obligés de ne point dissimuler les crimes de Constantin, de Théodose & de Clovis, &c. Ils favoriserent le christianisme, nous en bénissons Dieu ; & si Constantin mourut Arien après avoir tour-à-tour favorisé & persécuté Athanase, on doit en être affligé

& adorer les décrets de la providence. Mais les meurtres de tous ses proches, de son fils même & de sa femme, n'étaient pas sans doute des actions chrétiennes.

Constantin, tout voluptueux qu'il était, s'était fait une telle habitude de la férocité, qu'il la porta jusques dans ses loix. Dioclétien avait été assez humain pour abolir la loi qui permettait aux pères de vendre leurs enfans; Constantin rétablit cette loi barbare. Il permit aux citoyens Romains de faire leurs fils esclaves en naissant. (*) On dit, pour l'excuser, qu'il ne permit ce trafic qu'aux pauvres; mais il n'y a que les pauvres qui puissent être tentés de vendre leurs enfans. Il fallait les mettre à l'abri du besoin qui les forçait à ce commerce dénaturé. Mais l'assassin de son fils devait approuver qu'un père vendit les siens. Par la même jurisprudence, il abolit les peines établies par les loix contre les calomniateurs; c'est ce que nous soumettons au jugement de toutes les ames honnêtes.

Nous ne pensâmes pas que Théodose eut

(*) Cod. liv. Ier. *de patribus qui filios.*

suffisamment réparé le massacre si longtems prémédité des habitans de Thessalonique, en n'allant point à la messe pendant quelques mois.

Pour Clovis, le jésuite Daniel lui-même convient qu'il fut plus méchant après son batême qu'auparavant. On est obligé d'avouer qu'il engagea un Clodoric, fils d'un roi de Cologne, à tuer son propre père; & que pour récompense il le fit assassiner lui-même & s'empara de son petit état; qu'il trahit & assassina Rancacaire roi de Cambrai; qu'il en fit autant à un roi du Mans nommé Ronomer & à quelques autres princes; après quoi il tint un concile d'évêques à Orléans. On ne lui reprocha dans ce concile aucun de ces assassinats, ils n'avaient été commis que sur des princes idolâtres.

Nous avons détesté le crime par-tout où nous l'avons trouvé; & si les infidèles & les hérétiques ont fait quelques bonnes actions; s'ils ont eu des vertus que St. Augustin appelle des péchés splendides, nous n'avons pas cru devoir les taire. L'empereur Julien fut sobre & chaste comme un anachorete; aussi brave que César; aussi clément que Marc-Aurèle;

puisqu'il pardonna à douze Chrétiens qui avaient comploté de l'assassiner. Il fallait ou en convenir ou être un sot ; nous prîmes le premier parti. Un ex-jésuite de province, nommé Paulian, vient encor de répéter en dernier lieu, que Julien blessé à mort, au milieu de sa victoire, jetta son sang contre le ciel & s'écria, *Tu as vaincu Galiléen*. Rien n'éclairera donc jamais les ignorants ! Rien ne corrigera les gens de mauvaise foi ! Ce n'était pas contre les Galiléens que ce grand homme combattait, c'était contre les Perses. Ce conte du calomniateur Théodoret est mis actuellement par tous les savants avec l'autre conte des femmes que Julien immola aux dieux pour obtenir leur protection dans cette guerre. Le bon sens rejette ces absurdités, & l'équité réprouve ces calomnies.

Examen des globes de feu échappés des fondemens du temple de Jérusalem. La raison est l'ennemie des faux prodiges ; les globes de feu qui sortirent des fondemens du temple Juif, lorsque Julien permit qu'on le rebâtit, sont avérés (disait-on) par Ammien Marcellin, auteur payen ; & on nous allègue cette puérilité comme un témoignage que nos ennemis furent forcés de rendre à la vérité.

COMBATTUES. 159

Nous exposâmes tout le ridicule de ce prodige. Nous montrâmes combien Ammien aimait le merveilleux, & à quel point il était crédule. On ne pouvait donner de nouveaux fondements au temple bâti par Hérode, puisque ces fondements de larges pierres de vingt-cinq pieds de long subsistent encore. Des globes de feu ne peuvent sortir de ces pierres; puisque jamais les flammes ne s'arrondissent en globes & qu'elles s'élèvent toujours en spirales & en cônes. D'ailleurs on sait que dans ces tems-là, plusieurs villes de Syrie furent endommagées par des volcans souterrains, sans qu'il fut question de rebâtir un temple. On ajouta encor à ce prodige des globes de feu, ces petites croix enflammées qui s'attachaient aux vêtements des ouvriers. Voilà bien du merveilleux.

Il est évident que si Julien discontinua la reconstruction du temple de Jérusalem, ce fut par d'autres raisons. Si les prétendus globes de feu l'en avaient empêché, il en aurait parlé dans sa lettre sur cette avanture. Voici cette lettre importante.

» Que diront les Juifs de leur temple, qui
» a été bâti trois fois, & qui n'est point encor

» rebâti ? Ce n'est point un reproche que je
» leur fais, puisque j'ai voulu moi-même re-
» lever ses ruines ; je n'en parle que pour
» montrer l'extravagance de leurs prophêtes,
» qui trompaient de vieilles femmes imbéciles.
» *Quid de templo suo dicent, quod cùm tertio*
» *sit eversum, nondum ad hodiernum usque*
» *diem instauratur ? Hæc ego, non ut illis ex*
» *probarem in medium adduxi, ut pote qui*
» *templum illud tanto intervallo à ruinis ex-*
» *citare voluerim. Sed ideo commemoravi, ut*
» *ostenderem deliraffe, prophetas istos quibus*
» *cùm stolidis aniculis negotium erat.* »

N'est-il pas clair, par cette lettre, que Julien ayant d'abord eu la condescendance de permettre que les Juifs achetassent le droit de bâtir leur temple, comme ils achetaient tout ; il changea d'avis ensuite ; & ne voulut pas qu'une nation si fanatique & si atroce eut un signal sacré de ralliement, & une forteresse au milieu de ses états ? Une telle explication est simple, naturelle, vraisemblable. Il ne faut point embrouiller par un miracle ce qu'on peut démêler par la raison. Nous déplorons encor une fois, nous détestons l'erreur de Julien ; mais il faut être équitable.

Si

Si nous défendimes la cause de Julien avec quelque chaleur, c'est qu'en effet ce prince philosophe qui était si dur pour lui-même, fut très-indulgent pour les autres. C'est qu'étant à la tête d'un des deux partis obstinés qui divisaient l'Empire, il ne fit jamais couler le sang du parti opposé au sien.

L'empereur Constance son proche parent & son persécuteur, assassin de toute sa famille, avait toujours été sanguinaire. Julien fut le plus tolérant des hommes, & l'unique chef de parti qui fut tolérant.

La Blétrie qui, dans le dix-huitième siècle, a osé écrire une vie de Julien avec quelque modération, & le défendre contre plusieurs calomnies grossieres dont on chargeoit sa mémoire, n'a pas osé pourtant le justifier sur son attachement à l'ancienne religion de l'empire. Il le représente comme un superstitieux qui croyait combattre une autre superstition. Nous eumes une autre idée de Julien; il était certainement un stoïcien rigide. Sa religion était celle du grand Marc-Aurèle, & du plus grand Epictete. Il nous semblait impossible qu'un tel philosophe adorât sincèrement Hécate, Pluton, Cibèle, qu'il crût lire l'avenir dans le foye

L

bœuf, qu'il fût perſuadé de la vérité des oracles & des augures, dont Cicéron s'était tant moqué.

En un mot, l'auteur de la ſatire des Céſars ne nous parut pas un fanatique, c'eſt-à-dire, un furieux imbécille. Une forte preuve, c'eſt qu'il donna ſouvent bataille malgré des aruſpices que tous ſes prêtres croyaient funeſtes. Il courut même en dépit d'eux à ſon dernier combat, où il fut tué au milieu de ſes victoires.

L'auteur du livre de la félicité publique, homme en effet digne de la faire cette félicité, ſi elle était au pouvoir d'un ſage, ſemble n'être pas de notre avis en ce point, & par conſéquent il nous a réduits à nous défier longtems de notre opinion. *Julien*, dit-il, *aulieu de montrer ſur le trône un philoſophe impartial, ne fit voir en lui qu'un payen dévot.*

Les apparences en effet ſont quelques fois pour l'eſtimable auteur de la félicité publique. Julien paraît trop zélé pour l'ancien culte de ſa patrie ; il fait trop de ſacrifices, il eſt trop prêtre. Jules Céſar, tout grand pontife qu'il était ſacrifiait beaucoup moins.

Mais, qu'on ſe repréſente l'état de l'empire ſous Julien ; deux factions acharnées le partagent : l'une à la vérité divine dans fon principe, mais s'écartant déja de fon origine par l'efprit de parti & par toutes les fureurs qui l'accompagnent : l'autre fondée fur l'erreur, & défendant cette erreur avec tout l'emportement qui fe met à la place de la raifon : même opiniâtreté des deux côtés, mêmes fraudes, mêmes calomnies, mêmes complots, mêmes barbaries, même rage. La plûpart des Chrétiens, il faut l'avouer, éclairés d'abord par Dieu même, étaient auffi aveugles que ceux qu'on appella depuis payens.

Que pouvait faire un Empereur politique entre ces deux factions, lorfqu'il s'était déclaré hautement pour la feconde ? S'il n'avait pas montré un grand zèle pour fon parti, ce parti lui eût reproché de n'en avoir pas affez ; ce parti l'eût abandonné, & l'autre l'eût peut-être détrôné. Il fallait mener les payens avec les brides qu'ils s'étaient faites eux-mêmes. Qui a montré plus de zèle pour fa religion, qui a été plus affidu à des prêches & au chant des pfeaumes que le prince d'Orange Guillaume le Taciturne, fondateur de la république de Hollande, & Guftave Aldolphe, vainqueur de l'Allemagne ? Cependant il s'en fallait beaucoup que ces deux grands hommes fussent des enthousiastes.

L'Europe, & surtout le Nord, a le bonheur de posséder aujourd'hui des Souverains éclairés & tolérants, dont aucun fanatisme n'obscurcit les lumiéres, dont aucune dispute théologique n'a égaré la raison, & qui tous savent très-bien distinguer ce que la politique exige, & ce que la religion conseille. Il en est même qui n'ont ni cour, ni conseil, ni chapelle, & qui consument les journées entières dans le travail de la royauté. Mais qu'il s'élève dans leurs états une querelle de religion, une guerre intestine de fanatisme, telle qu'on en vit au tems de Julien, ou nous nous trompons fort, ou tous agiront comme lui.

Quant au nom d'apostat que des écrivains des charniers donnent encor à l'empereur Julien, il nous semble que ce sobriquet infâme ne lui convenait pas plus que le titre d'empereur chrétien à Constantin qui ne fut batisé qu'à sa mort. Julien batisé dans son enfance eut le malheur de n'être jamais chrétien que pour sauver sa vie. Il n'était pas plus chrétien que notre grand Henri IV. & son cousin le prince de Condé ne furent catholiques, lorsqu'on les força d'aller à la meffe après la St. Barthélemi. La ligue ofa appeller ces princes relaps ; ils ne l'étaient point, on les avait forcés ; on força de même Julien à recevoir ce qu'on appelle l'un des quatre mineurs, à être lecteur dans l'églife de Nicomédie. Mais il eft certain par fes écrits, que dès lors il fe livrait tout entier aux inftructions de Libanius, le philofophe le plus entêté du paganifme.

Ce qu'on peut donc reprocher bien plus raifonnablement à cet empereur, c'eft d'avoir été l'ennemi du chriftianifme dès qu'il pût fe connaître ; & ce qu'il y a de plus déplorable, c'eft qu'il était le plus beau génie de fon tems, & le plus vertueux de tous les empereurs après les Antonins.

La Blétrie répète férieufement le conte ridicule que Julien, dans des opérations theurgiques, qui étaient vifiblement une initiation aux myftères d'Eleufine, fit deux fois le figne de la croix, & que deux fois tout difparut. Cependant, malgré cette ineptie, La Blétrie a été lu, parce qu'il a été fouvent plus raifonnable.

Au refte, nous ofons dire qu'il n'eft point de Français, & furtout de Parifien, à qui la mémoire de Julien ne doive être chère. Il rendit la juſtice parmi nous comme un Lamoignon ; il combattit pour nous en Alſace comme un Turenne ; il adminiſtra les finances comme Roni ; il vécut parmi nous en citoyen, en héros, en philoſophe, en pere ; tout cela eſt exactement vrai. On verſe des larmes de tendreſſe quand on ſonge à tout le bien qu'il nous fit. Et voilà ce qu'un poliſſon appelle *Julien l'apoſtat*.

De Charlemagne. En admirant la valeur de Charlemagne, fils d'un héros uſurpateur, & ſon art de gouverner tant de peuples conquis ; c'était aſſez d'être homme pour gémir des cruautés qu'il exerça envers les Saxons ; & nous avouons que nous n'exprimâmes pas aſſez fortement notre horreur. Le tribunal Veimique, qu'il *De l'inquiſition de* inſtitua pour perſécuter ces malheureux, eſt *Veſtphalie.* peut-être ce qu'on inventa jamais de plus tyrannique. Des juges inconnus recevaient les accuſations rédigées par un délateur, n'entendaient ni les témoins ni les accuſés ; jugeaient en ſecret, condamnaient à la mort, envoyaient des bourreaux déguiſés, qui exécutaient leurs ſentences. Cette cour d'aſſaſſins privilégiés ſe tenait à Ormound en Veſtphalie ;

elle étendit sa jurisdiction sur toute l'Allemagne, & ne fut entièrement abolie que sous Maximilien premier. C'est une vérité horrible, dont peu d'auteurs parlent, mais qui n'en est pas moins avérée.

Que devait-on dire de l'iniquité dénaturée avec laquelle il dépouilla de leurs états les fils de son frère ? La veuve fut obligée de fuir & d'emporter dans ses bras ses malheureux enfans chez Didier son frère, roi des Lombards. Que devinrent-ils, lorsque Charlemagne les poursuivit dans leur azile, & s'empara de leurs personnes ? Les sécrétaires, les moines, qui fabriquaient des annales, n'osent le dire : nous nous taisons comme eux ; & nous souhaitons que ce Karl n'ait pas traité son frère, sa sœur & ses neveux comme tant de Princes en ces tems-là traitaient leurs parens. La foule des historiens a encensé la gloire de Charlemagne & jusqu'à ses débauches. Nous nous sommes arrêtés la balance à la main : nous avons laissé marcher la foule ; on nous a remarqués ; on a voulu nous arracher notre balance ; & nous avons continué de peser le juste & l'injuste.

Nous n'avons pu encor découvrir quel droit

avait Charlemagne sur les états de son frère, ni quel droit son frère & lui & Pepin leur père avaient sur les états de la race d'Ildovie, ni quel droit avait Ildovie sur les Gaules & sur l'Allemagne, provinces de l'empire Romain, ni même quel droit l'empire Romain avait sur ces provinces.

C'est immédiatement après Charlemagne que commença cette longue querelle entre l'empire & le sacerdoce, qui a duré à tant de reprises pendant plus de neuf siècles : guerre, dans laquelle tous les rois furent enveloppés : guerre tantôt sourde, tantôt éclatante ; tour-à-tour ridicule & funeste, qui n'a semblé terminée que par l'abolition des jésuites, & qui pourroit recommencer encor, si la raison ne dissipait pas aujourd'hui presque par-tout les ténèbres dans lesquelles nous avons été plongés si longtems.

ARTICLE HUITIEME.

D'une foule de mensonges absurdes qu'on a opposés aux vérités énoncées par nous.

Nous nous servons rarement du grand mot *certain* : il ne doit guères être employé qu'en mathématiques, ou dans ces espèces de connoissances, *je pense, je souffre, j'existe : deux & deux font quatre*. Cependant si l'on peut quelquefois employer ce mot en fait d'histoire, nous crûmes *certain*, ou du moins extrêmement probable.

Que les premiers étrangers, qui prirent & qui saccagèrent Constantinople, furent les Croisés, qui avaient fait serment de combattre pour elle.

Que les premiers rois Francs avaient plusieurs femmes en même tems ; témoins Gontran, Caribert, Childebert, Sigebert, Chilperic, Clotaire, comme le jésuite Daniel l'avoue lui-même.

Que le comble du ridicule est ce qu'on a inséré dans l'histoire de Joinville, que les

Emirs mahométans & vainqueurs offrirent la couronne d'Egypte à St. Louis leur ennemi, vaincu, captif, chrétien, ignorant leur langue & leurs loix.

Que toutes les histoires, écrites dans ce goût, doivent être regardées comme celle des quatre fils Aimon.

Que la croyance de l'église Romaine, après le tems de Charlemagne, était différente de l'église Grecque en plusieurs points importans, & l'est encore.

Que longtems après Charlemagne, l'évêque de Rome, toujours élu par le peuple, selon l'usage de toutes les églises toutes républicaines, demandait la confirmation de son élection à l'exarque ; que le clergé Romain était tenu d'écrire à l'exarque suivant cette formule. » Nous vous supplions d'ordonner la » consécration de notre père & pasteur. »

Que le nouvel évêque était par le même formulaire obligés d'écrire à l'évêque de Ravenne ; & qu'enfin par une conséquence indubitable, l'évêque de Rome n'avait encor aucune prétention sur la souveraineté de cette ville.

De la Ste. Messe. Que la messe était très-différente au tems de Charlemagne de ce qu'elle avait été dans

ÉCLAIRCIES. 171

la primitive église : car tout changea suivant les tems & suivant les lieux, & suivant la prudence des pasteurs. Du tems des Apôtres, on s'assemblait le soir pour manger la cène, le soupé du Seigneur. (*Paul aux Corinth.*) On demeurait dans la fraction du pain. (*Act. ch.* 2.) Les disciples étaient assemblés pour rompre le pain. (*Act. ch.* 20.) L'église Romaine, dans la basse latinité, appelle *Missa* ce que les Grecs appellaient *Synaxe*. On prétend que ce mot *Missa*, messe, venait de ce qu'on renvoyait les cathécumènes, qui n'étant pas encore baptisés, n'étaient pas encor dignes d'assister à la messe. Les liturgies étaient différentes & cela ne pouvait alors être autrement : une assemblée de Chrétiens en Caldée ne pouvait avoir les mêmes cérémonies qu'une assemblée en Thrace. Chacun fesait la commémoration du dernier soupé de notre Seigneur en sa langue. Ce fut vers la fin du second siècle que l'usage de célébrer la messe le matin s'établit dans presque toutes les églises.

Le lendemain du sabath, on célébrait nos saints mystères, pour ne se pas rencontrer avec les Juifs. On lisait d'abord un chapitre des évangiles ; une exhortation du célébrant suivait ;

tous les fidèles, après l'exhortation, se baisaient sur la bouche en signe d'un fraternité qui venait du cœur; puis on posait sur une table du pain, du vin & de l'eau ; chacun en prenait ; & on portait du pain & du vin aux absents. Dans quelques églises de l'orient le prêtre prononçait les mêmes paroles par lesquelles on finissait les anciens mystères : paroles que notre divine religion avait retenues & consacrées: *veillez & soyez purs*. Tous ces rites changèrent : le rite Grégorien ne fut point le rite Ambroisien. Le baptême, qui étant le plongement dans l'eau, ne fut bientôt dans l'occident qu'une légère aspersion : les barbares du nord devenus chrétiens, n'ayant ni peintres ni sculpteurs, ignorèrent le culte des images. L'église Grecque différa sur-tout de l'église Romaine en dogmes & en usages.

Jusqu'aux tems de Charlemagne, il n'y eut point ce qu'on appelle de messe-basse. Les formules, qui subsistent encor, nous le prouvent assez. On n'aurait pas souffert alors qu'un seul homme officiât, aidé d'un petit garçon, qui lui répond & qui le sert : les évêques eurent cette condescendance pour les grands

ÉCLAIRCIES.

seigneurs & pour les malades. Enfin les religieux mandians dirent des messes-basses pour de l'argent ; & l'abus vint au point que le jésuite Emmanuel Sa dit, dans ses aphorismes : » Si un prêtre a reçu de l'argent pour dire des » messes, il peut les affermer à d'autres, à un » moindre prix, & retenir pour lui le surplus. » *Cui datur certa pecunia pro missis a se dicendis, potest alios minore pretio conducere, & reliquum sibi retinere.*

Nous dîmes que la confession de ses fautes était de la plus haute antiquité ; que le repentir fut la première ressource des criminels ; que ce repentir & cette confession furent exigés dans tous les mystères d'Egypte, de Thrace & de Grèce ; que l'expiation suivait la confession, &c...

De la confession.

La fable même imita l'histoire, en ce point nécessaire aux hommes. Apollonius de Rhodes rapporte que Médée & Jason, coupables de la mort d'Absirthe, allèrent se faire expier dans l'île d'Æa par Circé reine & prêtresse de l'île, & tante de Médée. Jason, en arrivant au foyer sacré de la maison de Circé, enfonça son épée en terre : ce qui signifiait que sa femme & lui avaient commis un crime avec l'épée, & qu'ils avaient répandu le sang innocent sur la terre. Après quoi Circé les expia tous deux avec les lustrations usitées chez elle. Peut-être même cette ancienne fable n'est pas si fable qu'on le croit.

On sait que Marc-Aurèle, le plus vertueux des hommes, se confessa en s'initiant aux mystères de Cérès. Cette pratique salutaire eut ses abus : ils furent poussés au point qu'un Spartiate, voulant s'initier, & le prêtre voulant le confesser, *est-ce à Dieu ou à toi que je parlerai ?* dit le Spartiate. A Dieu, répondit l'autre. *Retire-toi donc, ô homme.*

Les juifs étaient obligés par la loi d'avouer leur délit lorsqu'ils avaient volé leurs frères, & de restituer le prix du larcin avec un cinquième par-dessus. Ils confessaient en général leurs péchés contre la loi, en mettant la main sur la tête d'une victime. Buxtorf nous apprend que souvent ils prononçaient une formule de confession générale, composée de vingt-deux mots ; & qu'à chaque mot on leur plongeait la tête dans une cuvette d'eau froide ; que souvent aussi ils se confessaient les uns aux autres ; que chaque pénitent choisissait son parain qui lui donnait trente-neuf

Nombres, ch. V. v̂. 7.

coups de fouet, & qui en recevait autant de lui à son tour. Enfin l'église chrétienne sanctifia la confession. On sait assez comment les confessions & les pénitences furent d'abord publiques; quel scandale il arriva sous le patriarche Nectaire, qui abolit cet usage; comment la confession s'introduisit ensuite peu-à-peu dans l'occident. Les abbés confessèrent d'abord leurs moines (*); les abbesses même eurent ce droit sur leurs religieuses.

Saint Thomas dit expressément dans sa somme (**). *Confessio, ex defectu sacerdotis, laico facta, sacramentalis est quodam modo.* Confession à un laïque, au défaut d'un prêtre, est comme sacrement.

Saint Bazile fut le premier qui permit aux abbesses d'administrer la confession à leurs religieuses & de prêcher dans leurs églises. Innocent III, dans ses lettres, n'attaqua point cet usage. Le père Martène, savant bénédictin, parle fort au long de cet usage dans ses rites de l'église. Quelques jésuites, & sur-tout un Nonote, qui n'avaient lu ni Bazile, ni Mar-

(*) Voyez les questions sur l'Encyclopédie au mot, Confession.

(**) Tom. III, page 255.

tène, ni les lettres d'Innocent III, que nous avions lues dans l'abbaye de Sénones, où nous séjournâmes quelque tems dans nos voyages entrepris pour nous inftruire, s'élevèrent contre ces vérités. Nous nous moquâmes un peu d'eux. Il faut l'avouer : notre amour extrême de la vérité, n'exclud pas les faiblesses humaines.

C'eft une chose rare que cette persévérance d'ignorance & de hauteur avec laquelle ces bons Garaffes nous attaquèrent sans relâche & sans savoir jamais un mot de l'état de la question.

De la Pucelle d'Orléans.

Nous fûmes obligés d'approfondir l'étonnante avanture de la Pucelle d'Orléans, sur laquelle nous avions recueilli beaucoup de mémoires. Il fallut revenir sur une Marie d'Arragon, prétendue femme de l'empereur Othon III, qu'on fit paffer (dit la légende) pieds nuds fur des fers ardents. Il fallut leur prouver que la ville de *Livron* en Dauphiné fut affiégée par le maréchal de Belle-Garde, qui leva le fiège fous Henri III. Ils n'en favaient rien, & ils criaient que Livron n'avait jamais été une ville, parce que ce n'eft aujourd'hui qu'un bourg. La chofe n'eft pas bien importante, mais la vérité eft toujours précieuse.

Il

ÉCLAIRCIES.

Il fallut foutenir l'honneur de notre corps calomnié, & faire voir que Lognac, le chef des affaffins qui maffacrèrent le duc de Guife, n'avait jamais été du nombre des gentils-hommes ordinaires de la chambre du Roi ; qu'il était un de ces *gentils-hommes d'expédition*, fournis par le duc d'Epernon, & payés par lui. Nous en avions cherché & trouvé des preuves dans les regiftres de la chambre des comptes.

Quelle perte de tems ! quand nous fûmes forcés de leur prouver que la terre d'Yeffo n'avait point été découverte par l'amiral Drake. Et le petit nombre des lecteurs qui pouvaient lire ces difcuffions, difait, qu'importe ?

Enfin dans deux volumes de *nos erreurs*, ils trouvèrent le fecret de ne pas mettre un feul mot de vérité.

Que firent-ils alors ? Ils nous appellèrent hérétiques & athées. Ils envoyèrent leur libelle au pape : ils s'adreffaient mal. Le pape n'a pas accueilli, depuis peu, bien gracieufement leurs libelles.

Le jéfuite Patouillet minuta contre nous un mandement d'évêque, dans lequel il nous

M

traitait de vagabonds, quoique nous demeuraſſions depuis vingt ans dans notre château; & d'écrivain mercénaire, quoique nous euſſions fait préſent de tous nos ouvrages à nos libraires. Le mandement fut condamné, pour d'autres conſidérations plus férieuſes, à être brûlé par le boureau. Nous continuâmes à chercher la vérité.

ARTICLE NEUVIEME.

Eclairciſſements ſur quelques anecdotes.

Nous penſâmes toujours qu'il ne faut jamais répondre à ſes critiques, quand il s'agit du goût. Vous trouvez la Henriade mauvaiſe, faites-en une meilleure. Zaïre, Mérope, Mahomet, Tancrede, vous paraiſſent ridicules, à la bonne heure. Quant à l'hiſtoire, c'eſt autre choſe. L'auteur, à qui on conteſte un fait, une date, doit où ſe corriger, s'il a tort, ou prouver qu'il a raiſon. Il eſt permis d'ennuyer le public, il n'eſt pas permis de le tromper.

Notre eſquiſſe de l'Eſſai ſur l'Hiſtoire de

l'Efprit & des Mœurs des Nations fut terminé par celle du grand fiècle de Louis XIV. Nous ne cherchâmes que le vrai, & nous pouvons affurer que jamais hiftoire contemporaine ne fut plus fidelle. On nous nia d'abord l'anec- *Du maf-* dote de l'homme au mafque de fer; & il eft *que de fer.* très-utile que de tels faits ne paffent pas fans contradiction. Celui-ci fut reconnu auffi véritable qu'il était extraordinaire; vingt auteurs s'égarèrent en conjectures, & nous ne hazardâmes jamais notre opinion fur ce fait avéré, dont il n'eft aucun exemple dans l'hiftoire du monde.

Les préjugés de l'Europe & de tous les écri- *Du tefta-* vains s'élevaient contre nous, lorfque nous *ment de* affurâmes que Louis XIV. n'avait eu aucune *Charles II.* part au teftament de Charles II. roi d'Efpagne, *roi d'Efpa-gne.* en faveur de la maifon de France : cette vérité fut confirmée par les mémoires de Mr. de Torcy & par le tems.

C'eft le tems qui nous a aidés à ouvrir les yeux du public fur ce débordement de calomnies abfurdes, qui fe répandit par-tout vers les derniers jours de Louis XIV. contre le duc d'Orléans, régent de France.

Les Nonotes nous foutinrent que l'arche-

De Fé-nelon. vêque de Cambrai, Fénelon, n'avait jamais fait ces vers agréables & philofophiques fur un air de Lulli.

» Jeune, j'étais trop fage
» Et voulais trop favoir :
» Je ne veux, à mon âge,
» Que badinage ;
» Et touche au dernier âge,
» Sans rien prévoir. »

On les avait inférés dans une édition de Madame Guyon ; & lorfque Mr. de Fénelon, ambaffadeur en Hollande, fit imprimer le Télémaque de fon oncle, ces vers furent reftitués à leur auteur : on les imprima dans plus de cinquante exemplaires, dont un fut en notre poffeffion. Quelques lecteurs craignirent que ces vers innocents ne donnaffent un prétexte aux janféniftes d'accufer l'auteur qui avait écrit contre eux, de s'être paré d'une philofophie trop feptique, & furent caufe qu'on retrancha ce madrigal du refte de l'édition du Télémaque. C'eft de quoi nous fûmes témoins. Mais les cent exemplaires exiftent ; qu'importe d'ailleurs que l'auteur d'un beau roman ait fait ou non une chanfon jolie.

Fefons ici l'aveu que toutes ces vérités

ÉCLAIRCIES.

historiques, qui ne peuvent intéresser que quelques curieux dans un petit canton de la terre, ne méritent pas d'être comparées aux vérités mathématiques & physiques qui sont nécessaires au genre humain. Cependant les querelles sur ces bagatelles ont été souvent vives & fatales. Les disputes sur la physique sont moins dangéreuses : ce sont des procès dont il y a peu de juges ; mais en fait d'histoire, le plus borné des hommes peut vous chicanner sur une date ; déterrer un auteur inconnu qui a pensé différemment de vous ; abuser d'un mot pour vous rendre suspect. Un moine, si vous n'avez pas flatté son ordre, peut calomnier impunément votre religion. Un parlement même était ulcéré, si vous aviez décrit les folies & les fureurs de la fronde.

ARTICLE DIXIEME.

De la Philosophie de l'Histoire.

LOrsqu'après avoir conduit notre Essai sur les mœurs & l'esprit des nations depuis l'établissement du christianisme jusqu'à nos jours, nous fûmes invités à remonter aux tems fabuleux de tous les peuples, & à lier, s'il était possible, le peu de vérités que nous trouvâmes dans les tems modernes, aux chimères de l'antiquité ; nous nous gardâmes bien de nous charger d'une tâche à la fois si pesante & si frivole. Mais nous tâchâmes dans un discours préliminaire, qu'on intitula, *Philosophie de l'Histoire*, de démêler comment naquirent les principales opinions qui unirent des sociétés, qui ensuite les divisèrent, qui en armèrent plusieurs les uns contre les autres. Nous cherchâmes toutes ces origines dans la nature ; elles ne pouvaient être ailleurs. Nous vîmes que si on fit descendre Tamerlan d'une race céleste, on avait donné pour ayeux à Jengiskan une vierge & un rayon du soleil.

Par-tout des fils de Dieu. Mango Capak s'était dit de la même famille en Amérique. Odin dans les glaces du nord avait passé pour le fils d'un dieu. Alexandre longtems auparavant essaya d'être fils de Jupiter, dut-il brouiller, comme on le dit, sa mère avec Junon. Romulus passa chez les Romains pour le fils de Mars. La Grèce avant Romulus fut couverte d'enfans des dieux. La fable de l'Arabe Bak ou Bacchus, à qui on donna cent noms différens, est le plus ancien exemple qui nous soit resté de ces généalogies. D'où put venir cette conformité d'orgueil & de folie entre tant d'hommes séparés par la distance des tems & des lieux, si ce n'est de la nature humaine par-tout orgueilleuse, par-tout menteuse, & qui veut toujours en imposer? Ce fut donc en consultant la nature que nous tâchâmes de porter quelque faible lumière dans le ténébreux chaos de l'antiquité.

Il ne faut pas s'enquérir quel est le plus savant, dit Montagne, mais quel est le mieux savant. Il a plu à *Mr. Larchet*, très-savant homme, à la maniere ordinaire, de combattre notre philosophie par des autorités, & sur-tout par son autorité. Ainsi il était impossible que nous nous rencontrassions.

Nous avions, parmi les contes d'Hérodote, trouvé fort ridicule avec tous les honnêtes gens, le conte qu'il nous fait des dames de Babylone, obligées par la loi sacrée du païs, d'aller une fois dans leur vie se prostituer aux étrangers pour de l'argent au temple de Milita. Et *Mr. Larchet* nous soutenait que la chose était vraie, puisqu'Hérodote l'avait dite. Il joint pourtant une raison à cette autorité, De la loi prétendue, qui obligeait les dames à se prostituer dans un temple.

c'est qu'on avait dans d'autres païs facrifié des enfans aux dieux, & qu'ainfi on pouvait bien ordonner que toutes les dames de la ville la plus opulente & la plus policée de l'orient, & fur-tout les dames de qualité, gardées par des eunuques, fe proftituaffent dans un temple.

Mais il ne réfléchiffait pas que fi la fuperftition immola des victimes humaines dans de grands dangers & dans de grands malheurs, ce n'eft pas une raifon pour que des légiflateurs ordonnent à leurs femmes & à leurs filles de coucher avec le premier venu dans un temple ou dans la facriftie pour quelques deniers. La fuperftition eft fouvent très-barbare ; mais la loi n'attaque jamais l'honnêteté publique, fur-tout quand cette loi fe trouve d'accord avec la jaloufie des maris, & avec les intérêts & l'honneur des peres de famille.

Mr. Larchet voulut donc nous démontrer que les maris proftituaient leurs femmes dans Babylone, & que les mères en fefaient autant de leurs filles. Sa raifon était que Sextus-Empiricus & quelques poëtes ont dit qu'il fallait abfolument qu'un Mage en Perfe fut né de l'infefte d'un fils avec fa mère. On eut beau lui remontrer que cette calomnie des

ÉCLAIRCIES. 185

Romains contre les Perses leurs ennemis ressemble à tous les contes que notre peuple fait encor tous les jours des Turcs, & de Mahomet second, & de Mahomet le prophête. Mr. Larchet n'en démordit point & préféra toujours les vieux auteurs à la vérité ancienne & moderne.

Il nous traita d'homme ignorant & dangereux; parce que nous osions douter des cent portes de la ville de Thèbes, des dix-mille soldats qui sortaient par chaque porte avec deux-cent chars armés en guerre. Il est persuadé que le prétendu Concosis, père du prétendu Sesostris, pour accomplir un de ses songes, & pour obéir à un de ses oracles, destina son fils, dès le jour de sa naissance, à conquérir le monde entier; que pour parvenir à ce bel exploit, il fit élever auprès de Sésostris tous les petits garçons nés le même jour où naquit son fils; que pour les accoutumer à conquérir le monde, il les fesait courir à jeun huit de nos grandes lieues, ou quatre, comme on voudra, sans quoi ils n'avaient point à déjeuner.

Des dix-sept cent garçons qui conquirent le monde avec Sésostris.

Quand ils furent en âge d'aider Sésostris à sa conquête, ils étaient dix-sept cent qui avaient environ vingt ans. Il en était mort le tiers, selon les suputations de la vie humaine les plus modérées. Ainsi il était né en Egypte deux-mille deux-cent soixante & six garçons le même jour que Séfostris. Un pareil nombre de filles devait aussi être né ce jour-là; ce qui fait quatre mille cinq-cent trente-deux enfans.

Or comme il n'est pas probable que le jour de la naissance de Séfostris fut plus fécond que les autres, il suit évidemment qu'au bout de l'année il était né un million six-cent cinquante-quatre mille cent quatre-vingt Egyptiens.

Si vous multipliez ce nombre par trente-quatre, selon la méthode de Mr. Kerfebaum, reconnue très-exacte en Hollande, vous trouverez que l'Egypte était peuplée de cinquante-six millions deux-cent quarante-deux mille cent-vingt personnes. Il est vrai qu'elle n'en a jamais eu, depuis qu'elle est connue, qu'environ trois millions, & que son terrain cultivable n'est pas le tiers du terrain cultivable de la France.

Enfin, Séfostris partit avec une armée de six-cent mille hommes, & vingt-sept mille chars de guerre. Le pays, à la vérité, a toujours eu peu de chevaux & très-peu de bois de construction; mais ces difficultés n'embar-

ÉCLAIRCIES.

raffent jamais les héros qui montent à cheval pour subjuguer toute la terre, & pour obéir à un oracle. Elles n'embaraffent pas plus Mr. Larchet notre adverfaire.

Nous ne répéterons point ici les groffes injures de favant qu'il prodigue à propos des velus & du bouc de Mendès, & de Sanctus Socrates pederasta, dont il nous flatte qu'il parlera encore, & des autres injures qu'il répete d'après Mr. Warburton auffi grand compilateur que lui de fatras & d'injures. Mais il nous eft permis de répéter auffi que le favant Mr. Warburton a prétendu donner pour la plus grande preuve de la miffion divine de Moïfe, que Moïfe n'avait jamais enfeigné l'immortalité de l'ame. Nous ne fommes point de l'avis de Mr. l'évêque Warburton ; nous croyons l'ame immortelle ; nous penfons (comme de raifon) que Moïfe devait avoir la même croyance ; & fi l'ame de Mr. Warburton ou celle de Mr. Larchet eft mortelle, c'eft à eux à le prouver. Ces difputes ne doivent point altérer la charité chrétienne ; mais auffi cette charité peut admettre quelques plaifanteries, pourvu qu'elles ne foient point trop fortes.

Si Moïfe a cru une ame immortelle.

ARTICLE ONZIEME.

Calomnies contre Louis XIV.

IL est des faits plus graves, des calomnies plus atroces, qui attaquent les rois & les nations, & qui exigent des réfutations plus complettes & plus réitérées. C'était un devoir essentiel à l'auteur du siècle de Louis XIV, historiographe de France, de repousser les injures affreuses vomies contre la mémoire de Louis XIV & contre Louis XV, par un Français alors réfugié, & apprentif pasteur à Genève (*), & indigne également de ses deux patries.

Nous dîmes, & nous persistons à dire, & nous redirons dans toutes les occasions, que ces odieux libelles, tout méprisables qu'ils sont, ne laissent pas de pénétrer dans l'Europe, du moins pour quelque tems, par cela même qu'ils sont calomnieux : leur scélératesse leur tient lieu quelquefois de mérite, auprès des

_____

(*) Langlevieil, dit Labeaumelle, reçu par le Pasteur Larive en 1745, le 12 Octobre.

esprits ignorants & pervers. Si on multiplie les impostures, il faut bien multiplier aussi les réponses.

Nous remettrons donc ici sous les yeux du lecteur une partie de ce que nous écrivîmes alors, moins en faveur de Louis XIV qu'en faveur de la vérité.

EXTRAIT *d'un mémoire sur les calomnies contre Louis XIV, & contre Sa Majesté régnante, & contre toute la Famille - Royale, & contre les principaux personnages de la France.*

LEs gens de lettres savent assez qu'un nommé Langlevieil - Labeaumelle, vendit à Francfort en 1753, au libraire Essinger, une édition du *Siècle de Louis XIV.* falsifiée & chargées de ses notes; qu'il travestit en libelle diffamatoire un ouvrage entrepris pour l'honneur & l'encouragement de la nation française.

C'est dans ces notes qu'on trouve, qu'*un Roi qui veut le bien est un être de raison*, & que *Louis XIV. ne réalisa jamais cette chimère.* Tom. I, page 184.

Page 193. — *Que les libéralités de Louis XIV. sur tout
Page 211. ce qu'il y a de beau dans sa vie* — *Que la politesse de la cour de Louis XIV. est un être de
raison* — *Que Louis XIV. avait peu de religion*
Page 275. — *Que le Roi n'employait le Maréchal de Villars que par faiblesse* — *Qu'il faut que les écrivains sévissent contre Chamillard & les autres
Ministres.*
Tom. II.
Page 159.

On n'ose répéter ici ce qu'il dit contre la famille Royale & contre le duc d'*Orléans*, pages 346, 347 & 348. Ce sont des calomnies si abominables & si absurdes qu'on souillerait le papier en les copiant. On croira sans peine qu'un homme assez dépourvu de sens & de pudeur pour vomir tant de calomnies, n'a pas assez de science pour ne pas tomber à chaque page dans les erreurs les plus grossières ; mais c'est une chose curieuse que le ton de maître dont il les débite.

Il ne s'en est pas tenu là, il a répété les mêmes outrages & les mêmes absurdités dans les prétendus mémoires qu'il a donnés de Madame de *Maintenon*.

Ce sont sur-tout les mêmes outrages à *Louis XIV*, à tous les princes, & à toutes les dames de sa cour.

Qui a loué Louis XIV ? dit-il, *les sages, les politiques, les bons Chrétiens, les bons Français ? non, un tas de moines sans esprit & sans ame, des évêques, des ministres, qui ne connaissaient en France d'autre loi que le bon plaisir du maître.* <small>Mém. de Maintenon T. IV. p. 99.</small>

Il feint d'avoir écrit ces mémoires pour honorer Mad. *de Maintenon*, & ce n'est qu'un libelle contre elle & contre la maison de *Noailles*; il ramasse tous les vers infames qu'on a faits sur elle.

Il imprime de vieux noëls remplis des plus grossières ordures contre le Roi, la Dauphine & toutes les Princesses.

Il attribue à Mad. *de Maintenon* une parodie impie du Décalogue, dans laquelle on trouve ces vers.

> Ton mari cocu tu feras;
> Et ton bon ami mêmement.
> A table en foudart tu boiras
> De tout vin généralement.

<small>Tom. VI. pag. 123.</small>

On n'imputerait pas de pareils vers à la veuve du cocher de *Vertamon*, & c'est ce qu'on ose mettre sur le compte de la femme la plus polie & la plus décente.

On passe sous silence tous les contes faits pour des femmes de chambre, dont ces rapsodies sont pleines. A la bonne heure qu'un homme sans éducation écrive des sottises; mais de quel front ose-t-il prétendre que le roi écrivit à Mr. *D'Avaux* au sujet de l'évasion des Protestans, *Mon royaume se purge*, & que Mr. *D'Avaux* lui répondit, *Il deviendra étique &c.* ? Nous avons les lettres de Mr. *D'Avaux* au roi & ses réponses, il n'y a certainement pas un mot de ce que ce menteur avance.

<small>Tom. III. pag. 30.</small>

Comment peut-il être assez ignorant de tous les usages & de toutes les choses dont il parle, pour dire qu'aux tems de la révocation de l'édit de Nantes, *le roi étant à la promenade en carrosse avec Mad. de Maintenon, Madlle. D'Armagnac & Mr. Fagon son premier médecin, la conversation tomba sur les vexations faites aux Huguenots, &c.* ? Assurément ni *Louis XIV.* ni *Louis XV.* n'ont été en carrosse à la promenade, ni avec leur médecin, ni avec leur apoticaire. *Fagon* d'ailleurs ne fut premier médecin du roi qu'en 1693. A l'égard de la princesse *D'Armagnac* dont il parle, elle était née en 1678, & n'ayant alors que sept ans, elle ne pouvait aller familiérement

<small>Tom. III. pag. 36.</small>

en

en carrosse à une promenade avec le Roi & Fagon en 1685.

C'est avec la même érudition de cour qu'il dit que le père *Ferrier se fit donner la feuille des bénéfices qu'avait auparavant le premier valet de chambre.* Que l'archevêque de Paris dressa l'acte de célébration du mariage du roi avec Mad. *de Maintenon*, & qu'à sa mort on trouva sous la *clef quantité de vieilles culotes dans l'une desquelles était cet acte.* Tom. III, pag. 48.

Il connait l'histoire antique comme la moderne. Pour justifier le mariage du roi avec Mad. *de Maintenon*, il dit *que Cléopatre déja vieille enchaina* Auguste. Tom. III, pag. 75.

Chaque page est une absurdité ou une imposture. Il réclame le témoignage de *Burnet* évêque de Salisburi, & lui fait dire *joliment, que Guillaume III. roi d'Angleterre n'aimait que les portes de derriére.* Jamais *Burnet* n'a dit cette infamie ; il n'y a pas un seul mot dans aucun de ses ouvrages qui puisse y avoir le moindre raport.

S'il se bornait à dire au hazard des inepties sur des choses indifférentes, on aurait pû l'abandonner au mépris dont les auteurs de pareilles indignités sont couverts, mais qu'il ose dire que Mgr. le *Duc de Bourgogne* père du Roi trahit le royaume dont il était héritier, & *qu'il empêcha que Lille ne fût secourue*, lorsque cette place était assiégée par le prince *Eugène*; c'est un crime que les bons Français doivent au moins réprimer, & une calomnie ridicule qu'un historiographe de France serait coupable de ne pas réfuter.

Tom. IV. pag. 109.

Et sur quoi fonde-t-il cette noire imposture? voici ses paroles: » Le Roi entra chez madame
» *de Maintenon*, & dans le premier mouve-
» ment de sa joye lui dit, Vos prières sont
» exaucées, madame, *Vendôme* tient mes en-
» nemis. Lille sera délivrée, & vous serez
» reine de France. Ces paroles furent entendues
» & répétées: Monseigneur les sut: il trem-
» bla pour la gloire de la famille royale: &
» pour parer le coup qui la menaçait, il écri-
» vit à Monseigneur le *duc de Bourgogne* qui
» aimait son père autant qu'il craignait son
» ayeul, qu'à son retour il trouverait deux
» maîtres. Madame la *duchesse de Bourgogne*
» conjura son époux de ne pas contribuer à lui
» donner pour souveraine une femme née tout
» au plus pour la servir. *Le Prince ébranlé par*
» *ces instances, empêcha que Lille ne fût secou-*
» *rue.*

On demande où ce calomniateur du père du Roi a trouvé ces paroles de *Louis XIV. Vous serez reine de France?* était-il dans la chambre? quelqu'un les a-t-il jamais raportées? ce mensonge n'est-il pas aussi méprisable que celui qu'il ajoute ensuite, *De là ces billets que les ennemis jettaient parmi nous, Rassurez-vous, Français, elle ne sera pas votre reine, nous ne lèverons pas le siége.* Tom. IV. pag. 110.

Comment une armée jette-t-elle des billets dans une ville assiégée? Peut-on joindre plus de sotises à plus d'horreurs?

Après avoir tenté de jetter cet opprobre sur le père du Roi, il vient à son grand-père; il veut lui donner des ridicules; il lui fait épouser Mlle. *Chouin*; il lui donne un fils de la *Raizin* au lieu d'une fille: & aussi instruit des affaires des citoyens que de celles de la famille royale, il avance que ce fils serait mort dans la misère si le trésorier de l'extraordinaire des guerres *La Zonchère* ne lui avait pas donné sa sœur en mariage. Enfin pour couronner cette impertinence il confond ce trésorier avec un autre *La Zonchère* sans emploi, sans talens & sans fortune, qui a donné, comme tant d'autres, un projet ridicule de finances en quatre petits volumes. pag. 200.

Il falait bien qu'ayant ainſi calomnié tous les princes, il portât ſa fureur ſur *Louis XIV*. Rien n'égale l'atrocité avec laquelle il parle de la mort du marquis *de Louvois*; il oſe dire que ce miniſtre craignait que le Roi ne *l'empoiſonnât*. Enſuite, voici comme il s'exprime: *Au ſortir du Conſeil il rentre dans ſon appartement & boit un verre d'eau avec précipitation; le chagrin l'avait déja conſumé; il ſe jette dans un fauteuil, dit quelques mots mal articulés & expire. Le Roi s'en réjouït & dit que cette année l'avait délivré de trois hommes qu'il ne pouvait plus ſouffrir*, Seignelai, la Feuillade & Louvois.

Il eſt inutile de remarquer que Meſſieurs *de Seignelai* & *de Louvois* ne moururent point la même année. Une telle remarque ſerait convenable s'il s'agiſſait d'une ignorance; mais il eſt queſtion du plus grand des crimes dont un vil ſcélerat oſe ſoupçonner un Roi honnête homme; & ce n'eſt pas la ſeule fois qu'il a oſé parler de poiſon dans ſes abominables libelles. Il dit dans un endroit, que le grand-père de l'Impératrice-Reine avait des empoiſonneurs à gages: & dans un autre endroit, il s'exprime ſur l'oncle de ſon propre Roi d'une façon ſi criminelle, & en même-tems

---

Tom. III. pag. 269.

Page 271.

Tom. II. pag. 345. 346 & 347 du ſiècle de Louis XIV. falſifié par La Beaumelle

si folle, que l'excès de sa démence prévalant sur celui de son crime, il n'en a été puni que par six mois de cachot.

Mais à peine sorti de prison, comment répare-t-il des crimes qui sous un ministère moins indulgent l'auraient conduit au dernier supplice ? Il fait publier un libelle intitulé *Lettres de Mr. de La Beaumelle*, à Londres chez Jean Nourse 1763. C'est-là sur-tout qu'il aggrave ses calomnies contre le prédécesseur de son Roi.

Ce n'est pas assez pour ce monstre de soupçonner *Louis XIV*. d'avoir empoisonné son ministre. L'auteur du *Siécle de Louis XIV*. avait dit dans un écrit à part : « Je défie qu'on me
» montre une monarchie dans laquelle les loix,
» la justice distributive, les droits de l'huma-
» nité ayent été moins foulés aux pieds, & où
» l'on ait fait de plus grandes choses pour le
» bien public, que pendant les cinquante-cinq
» années où *Louis XIV*. régna par lui-même.

Cette assertion était vraie, elle était d'un citoyen & non d'un flatteur. *La Beaumelle*, l'ennemi de l'auteur du *Siécle de Louis XIV*. qui n'a jamais eu que de tels ennemis, *La Beaumelle*, dis-je, dans sa 23 Lettre, page 88. dit : *Je ne puis lire ce passage sans indignation*, *quand je me rappelle toutes les injustices générales & particulières que commit le feu Roi.* Quoi ! Louis XIV. était juste quand il oubliait (& il oubliait sans-cesse) que l'autorité n'était confiée à un seul que pour la félicité de tous. Et après ces mots, c'est un détail affreux.

Ainsi donc *Louis XIV.* oubliait sans-cesse le bien public, lorsqu'en prenant les rênes de l'Etat il commença par remettre au peuple trois millions d'impôts ! quand il établit le grand hôpital de Paris & ceux de tant d'autres villes ! Il oubliait le bien public en réparant tous les grands chemins, en contenant dans le devoir ses nombreuses troupes aussi redoutables auparavant aux citoyens qu'aux ennemis, en ouvrant au commerce cent routes nouvelles, en formant la Compagnie des Indes à laquelle il fournit de l'argent du trésor royal, en défendant toutes les côtes par une marine formidable qui alla venger en Afrique les insultes faites à nos négocians ! Il oublia sans-cesse le bien public lorsqu'il réforma toute la Jurisprudence autant qu'il le put, & qu'il étendit ses soins jusques sur cette partie du genre-humain qu'on achète chez les derniers Africains pour servir dans un nouveau monde ! Oublia-t-il sans-cesse le bien public en fondant dix-neuf chaires au Collège Royal, cinq Académies; en logeant dans son palais du Louvre tant d'artistes distingués; en répandant des bienfaits sur les gens de lettres jusqu'aux extrêmités de l'Europe, & en donnant plus lui seul aux savans que tous les rois de l'Europe ensemble? comme le dit l'illustre auteur de l'*Abrégé chronologique.*

Enfin était-ce oublier le bien public que d'ériger l'hôtel des Invalides pour plus de quatre mille guerriers, & St. Cyr pour l'éducation de deux cent cinquante filles nobles? Il vaudrait autant dire que *Louis XV.* a négligé le bien public en fondant l'Ecole royale militaire, & en mettant aujourd'hui dans toutes ses troupes, par le génie actif d'un seul homme, cet ordre admirable que les peuples bénissent, que les officiers embrassent à présent avec ardeur, & que les étrangers viennent admirer.

Il y a toujours des esprits mal faits & des cœurs pervers que toute espèce de gloire irrite, dont toute lumière blesse les yeux, & qui par un orgueil secret proportionné à leurs travers haïssent la nature entière. Mais qu'il se soit trouvé un homme assez aveuglé par ce misérable orgueil, assez lâche, assez bas, assez intéressé pour calomnier à prix d'argent tous les noms les plus sacrés & toutes les actions les plus nobles, qu'il aurait louées pour un écu de plus ; c'est ce qu'on n'avait point vû encore.

L'intérêt de la société demande qu'on effraye ces criminels insensés ; car il peut s'en trouver quelqu'un parmi eux qui joigne un peu d'esprit à ses fureurs. Ses écrits peuvent durer. *Bayle* lui-même, dans son dictionnaire, a fait revivre cent libelles de cette espèce. Les Rois, les Princes, les Ministres pourraient dire alors, A quoi nous servira de faire du bien si le prix en est la calomnie ?

La Beaumelle pousse sa furieuse démence jusqu'à représenter par bravade ses confrères les Protestans de France (qui le désavouent) comme une multitude redoutable au Trône.

Pag. 110. des Lettres de La Beaumelle à Mr. de V. à Londres chez Jean Nourse.

» Il s'est formé, dit-il, un séminaire de Prédicans, sous le nom de Ministres du désert, » qui ont leurs cures, leurs fonctions, leurs » appointemens, leurs consistoires, leurs synodes, leur jurisdiction ecclésiastique. — Il » y a cinquante mille batêmes & autant de » mariages bénis illicitement en Guyenne, des » assemblées de vingt mille ames en Poitou,

» autant en Dauphiné, en Vivarès, en Béarn,
» soixante temples en Saintonge, un synode
» national tenu à Nîmes, composé des dépu-
» tés de toutes les Provinces.

Ainsi, par ces exagérations extravagantes, il se rend le délateur de ses confrères, & en écrivant contre le Trône, il les exposerait à passer pour les ennemis du Trône, il ferait regarder la France parmi les étrangers comme nourrissant dans son sein les semences d'une guerre civile prochaine, si on ne savait que toutes ces accusations contre les Protestans sont d'un fou également en horreur aux Protestans & aux Catholiques.

Acharné contre tous les princes de la maison de France, & contre le gouvernement, il prétend que monseigneur le Duc, père de monseigneur le prince de *Condé*, fit assassiner Mr. *Verger* commissaire des guerres en 1720 ; & que sa mort a été récompensée de la croix de St. *Louis*. L'auteur du *Siécle de Louis XIV.* avait démontré la fausseté de ce conte. Tout le monde sait aujourd'hui que *Verger* avait été assassiné par la troupe de *Cartouche* ; les assassins l'avouèrent dans leur interrogatoire ; le fait est public, n'importe, il faut que *La Beau-*

Tom. III. page 322 du siécle de Louis XIV.

melle non moins coupable que ces malheureux, & non moins puniſſable, calomnie la maiſon de *Condé* comme il a fait la maiſon d'*Orléans* & la famille royale.

De pareilles horreurs ſemblent incroyables; perſonnes n'avait joint encor tant de ridicule à tant d'exécrables atrocités.

C'eſt ce même miſérable qui dans un petit livre intitulé *Mes penſées*, a inſulté Mgr. le duc de *Saxe-Gotha*, Mrs. d'*Erlach*, *Sinner*, *Diesbach*, en les nommant par leur nom ſans les connaître, ſans leur avoir jamais parlé. C'eſt là que ſa furieuſe folie s'emporte juſqu'à ne connaître de héros que *Cromwell* & *Cartouche*, & à ſouhaiter que tout l'univers leur reſſemble; voici ſes propres paroles.

» Les forfaits de *Cromwell* ſont ſi beaux,
» que l'enfant bien né ne peut les entendre ſans
» joindre les mains d'admiration. Une Répu-
» blique fondée par *Cartouche* aurait eu de plus
» ſages loix que la république de *Solon*.

Dans un autre libelle intitulé, *Examen de l'Hiſtoire de Henri IV.* voici comme il s'exprime:

» Je lis avec un charme infini, dans l'hiſ-
» toire du Mogol, que le petit-fils de Sha-

» Abas fut bercé pendant sept ans par des
» femmes, qu'ensuite il fut bercé pendant huit
» ans par des hommes ; qu'on l'accoutuma de
» bonne heure à s'adorer lui-même, & à se
» croire formé d'un autre limon que ses sujets ;
» que tout ce qui l'environnait avait ordre de
» lui épargner le pénible soin d'agir, de pen-
» ser, de vouloir, & de le rendre inhabile à
» toutes les fonctions du corps & de l'ame ;
» qu'en conséquence un prêtre le dispensait
» de la fatigue de prier de sa bouche le grand-
» Etre ; que certains officiers étaient proposés
» pour lui mâcher noblement, comme dit Ra-
» belais, le peu de paroles qu'il avait à pro-
» noncer ; que d'autres lui tâtaient le poulx
» trois ou quatre fois le jour comme à un
» agonisant ; qu'à son lever, qu'à son cou-
» cher trente seigneurs accouraient, l'un pour
» lui dénouer l'éguillette, l'autre pour le dé-
» constiper ; celui-ci pour l'accoutrer d'une
» chemise, celui-là pour l'armer d'un cime-
» terre, chacun pour s'emparer du membre
» dont il avait la sur-intendance. Ces particu-
» larités me plaisent ; parce qu'elles me don-
» nent une idée nette du caractère des Indiens,
» & que d'ailleurs elles me font assez entrevoir

» celui du petit-fils de Sha-Abas, de cet em-
» pereur automate. »

Cet homme est bien mal instruit de l'éducation des princes Mogols. Ils sont à trois ans entre les mains des eunuques, & non entre les mains des femmes. Il n'y a point de seigneurs à leur lever & à leur coucher ; on ne leur dénoue point l'éguillette. On voit assez qui l'auteur veut désigner. Mais reconnaîtra-t-on à ce portrait le fondateur des invalides, de l'observatoire, de St. Cyr ; le protecteur généreux d'une famille royale infortunée ; le conquérant de la Franche-Comté, de la Flandre Françaife, le fondateur de la marine, le rémunérateur éclairé de tous les arts utiles ou agréables ; le législateur de la France qui reçut son royaume dans le plus horrible désordre, & qui le mit au plus haut point de la gloire & de la grandeur ; enfin, le Roi que Dom Ustaris, cet homme d'état si estimé, appelle *un homme prodigieux*, malgré des défauts inséparables de la nature humaine.

Y reconnaîtra-t-on le vainqueur de Fontenoy & de Laufelt, qui donna la paix à ses ennemis, étant victorieux ; le fondateur de l'école militaire, qui à l'exemple de son aïeul, n'a jamais manqué de tenir son conseil ? Où est ce petit fils automate de Sha-Abas ?

Il croit que Sha-Abas était un Mogol & c'était un Persan de la race des Sophi. Il appelle au hazard son petit fils Automate, & ce petit fils était Abas, second fils de Saïn Mirza, qui remporta quatre victoires contre les Turcs, & qui fit ensuite la guerre aux Mogols.

On ne peut étaler, ni plus de méchanceté, ni plus d'ignorance. Qui le croirait ! cet homme a trouvé enfin de la protection.

Pour mieux confondre non-seulement ces impostures, mais aussi cet esprit de critique, & ce stile acre & violent employés depuis quelque tems à décrier le grand siècle, à rabaisser Louis XIV, à dénigrer tous ceux qui illustraient la France; nous réimprimons ici la défense de Louis XIV.

ARTICLE DOUZIEME.

Défense de Louis XIV.

J'Ai lû les *Ephémérides du Citoyen*, ouvrage digne de son titre. Ce journal & les bons articles de l'Encyclopédie sur l'agriculture, pourraient suffire à mon avis pour l'instruction & le bonheur d'une nation entière.

Occupé des travaux de la campagne depuis vingt ans, j'ai puisé souvent dans les Ephémérides des leçons dont j'ai profité. J'ai vû même avec étonnement quels avantages on pourrait procurer aux cantons que la nature semble avoir le plus disgraciés. J'avais choisis exprès un des plus mauvais terreins pour y bâtir & pour y labourer une terre ingrate qu'il fallait toujours rompre avec six bœufs, & qui ne rapportant que trois grains pour un, était à charge à tous les propriétaires. Je voulus essayer s'il était possible de changer en quelque sorte la nature; il fallait du travail & de la constance; mes soins n'ont point été entiérement inutiles dans ce désert; un hameau délabré qui nourrissait mal environ cinquante infortunés, & où l'on ne connaissait que les écrouelles & la misère, s'est changé en un séjour assez propre, & par conséquent devenu plus sain, qui contient déjà plus de sept cent habitans, tous utilement occupés.

Un petit terrein, pire que le plus mauvais de la partie de la Champagne, qu'on nomme si indignement pouilleuse, a rapporté des récoltes, & on a eu dix pour un toutes les années, d'un champ qui ne rapportait que trois; & encor de deux ans en deux ans.

Je n'ai rien écrit sur l'agriculture, parce que je n'aurais jamais rien pu faire qui eut mieux valu que les Ephémérides. Je me suis borné à exécuter ce que les estimables auteurs de cet ouvrage ont recommandé, & ce que Mr. De St. Lambert a chanté avec tant d'énergie & de grace. Mais j'ai été un peu affligé de voir quelquefois le beau siècle de Louis XIV, le siècle des talents en tout genre, dénigré dans plusieurs livres nouveaux, & même dans ces Ephémérides à qui je dois tant d'instructions. Voici comme on en parle dans un endroit.

» C'était un empire entièrement énervé par

» des efforts excessifs, mal-entendus, malheu-
» reux, & sur-tout par les suites du régime
» fiscal le plus dur, le plus impérieux, le plus
» méthodiquement inconsidéré, le plus régle-
» mentaire qui ait jamais existé. Ces deux in-
» ventions terribles, dis-je, ne sont pas l'hé-
» ritage le moins funeste que nous ait laissé
» ce siècle tant vanté & si désastreux. «

Voici comme on s'explique au commencement d'un autre chapitre. » La gloire de ce
» grand siècle, si cher à nos beaux esprits,
» était passée comme les étoupes qu'on brûle
» devant le Pape à son exaltation. «

Je vais d'abord répondre à cette ironie. Je
parlerai ensuite du règne *funeste & désastreux.*

Oui, sans doute, ce siècle doit être cher à
tous les amateurs des beaux arts, à tous ceux
que vous appellez beaux esprits; oui, je me
regarderai comme un barbare, comme un esprit faux & bas, sans culture, sans goût,
quand je pourrai oublier la force majestueuse
des belles scènes de Corneille, l'inimitable
Racine, les belles épitres de Boileau & son
art poëtique; le nombre des fables charmantes
de la Fontaine, quelques opéra de Quinault,
qu'on n'a jamais pu égaler; & sur-tout ce
génie

Des beaux Arts.

génie à la fois comique & philosophe, cet homme qui en son genre est si au-dessus de toute l'antiquité, ce Molière dont le *trône est vacant.* (*)

En relisant les Prosateurs, je mets hardiment la défense de l'infortuné Fouquet par le généreux Pélisson, à côté des plus beaux discours de l'orateur Romain. J'admire d'autant plus quelques oraisons funèbres du sublime Bossuet, qu'elles n'ont point eu de modèle dans l'antiquité. Qui ne chérira l'auteur humain & tendre du Télémaque ? qui ne sentira le mérite unique des Provinciales ? quel homme du monde n'aimera les sermons de Massillon, & quel art a-t-il fallu pour les faire aimer ? Ils durent ces chef-d'œuvres, ils dureront autant que la France. Nous avons aujourd'hui du galimatias à deux colonnes contre un chapitre de Bélizaire & des Mandements composés par le révérend père Patouillet.

(*) Expression pittoresque & vraie de Mr. Chamfort, dont le discours justement couronné par l'Académie. Quand on employe une expression neuve & de génie, ce que Boileau appellait un mot trouvé, il faut citer l'inventeur. Ce siècle-ci a de beaux côtés, mais il est un peu le siècle des Plagiaires.

O

Si l'on veut des recherches historiques, trouvera-t-on quelque chose de plus savant & de plus profond que les ouvrages de du Cange ?

S'il est question de mathématiques, avons-nous en France beaucoup de mathématiciens qui ayent été inventeurs comme Descartes en géométrie ? Et malgré les chimères absurdes de toute sa physique, ne mérite-t-il pas le bel éloge qu'en a fait Mr. Thomas couronné par l'Académie Française & par le public ?

Nous avons aujourd'hui de bons ouvrages philosophiques ; mais en est-il beaucoup qui l'emportent sur le traité des erreurs des sens & de l'imagination par Mallebranche, excellent commencement d'un système qui finit trop mal ?

On nous a donné depuis peu de beaux morceaux d'histoire : mais on mettra toujours à côté de Saluste la conspiration de Venise par l'abbé de St. Réal. L'histoire des oracles de Fontenelle (persécuté d'une manière si infame par les jésuites) ne rendit-elle pas de grands services à l'esprit humain ? Et si vous faites grace aux tourbillons de Descartes qui sont malheureusement la base de la pluralité des mondes, si vous ôtez quelques plaisanteries déplacées, a-t-on jamais traité la philosophie avec plus de netteté & d'agrémens que dans ce même livre de la pluralité des mondes ? Production du siècle de Louis XIV dans un goût absolument nouveau ?

Si vous passez aux autres arts qui dépendent moins de la profondeur de la pensée, à l'architecture, à la peinture, à la sculpture, à la musique, il faudra toujours mettre au premier rang ce Pérault auteur de la façade du Louvre & de la traduction de Vitruve, les Poussin, les Le Brun, les Sueurs, les Girardon ; il ne faudra pas tourner en ridicule Lulli qui né Italien trouva le secret d'inventer le seul récitatif qui convint à la langue française, & qui le premier enseigna la musique à un peuple qui ne la savait pas.

Comment s'est-il pû faire que tant d'hommes supérieurs dans tant de genres différens ayent fleuri tous ensemble dans le même âge ? Ce prodige était arrivé trois fois dans l'histoire du monde, & peut-être ne reparaîtra plus.

Sortons de la carriére des beaux arts pour considérer les grands Capitaines & les habiles Ministres ; nous avouerons que la gloire des

Grands hommes.

Condés, de Turenne, des Luxembourg, des Villars, ne sera jamais éclipsée, & nous redirons que le nom des Colberts doit être immortel.

Henri IV. Henri IV que nous révérons aujourd'hui, & que nous aimons, si on l'ose dire, comme un Dieu tutélaire, était un très-grand homme : mais le tems de Louis XIV fut un très-grand siècle. A peine notre Henri IV eut-il le tems de réparer les brêches de la France & le sang qu'elle avait perdu pendant près de quarante années de guerres civiles & de fanatisme.

Le Royaume malheureux jusqu'à LouisXIV. Repassons les tems qui suivirent le crime épouvantable de sa mort (uniquement commis par la superstition) jusqu'au moment où Louis XIV régna par lui-même ; tout fut odieux & funeste, & ce tems contient encor quarante années.

Voilà donc quatre-vingt ans pendant lesquels, si j'en excepte les dix belles années du héros de la France, je ne vois que confusion, discorde, séditions, guerres civiles, fanatisme affreux, tirannie de toute espèce, pauvreté & ignorance. Je ne crois pas que depuis François second jusqu'à l'extinction de la Fronde en France, il y ait eu un seul jour sans meurtre. Le plus abominable de tous, celui qui fait encor verser des larmes, est celui de cet adorable Henri IV dont toutes les faiblesses sont si pardonnables, & dont toutes les vertus sont si héroïques !

Ce sont donc ces quatre-vingt années dont je parle qui sont *funestes & désastreuses*, & non pas le siècle de Louis XIV, pendant lequel notre nation (aujourd'hui célèbre dans l'Europe par l'opéra comique) fut le modèle des nations en tout genre.

<small>Quatre-vingt années d'horribles calamités.</small>

J'ai moins fait l'histoire de Louis XIV, que celle des Français ; mon principal but a été de rendre justice aux hommes célèbres de ce tems illustre dont j'ai vu la fin ; mais je n'ai pas dû être injuste envers celui qui les a tous encouragés. Puisse la raison qui s'affaiblit quelquefois dans la vieillesse me préserver de ce défaut trop ordinaire d'élever le passé aux dépends du présent. Je sais que la philosophie, les connaissances utiles, le véritable esprit, n'ont jamais fait tant de progrès parmi les gens de Lettres, que dans les jours où j'achève de vivre. Mais qu'il me soit permis de défendre la cause d'un siècle

O iij

à qui nous devons tout, & d'un Roi qui n'a pas été assurément indigne de son siècle.

Je porte les yeux sur toutes les nations du monde; & je n'en trouve aucune qui ait jamais eu des jours plus brillants que la Française depuis 1655 jusqu'à 1704. Je prie tous les hommes sages & désintéressés de juger si un petit nombre d'années très-malheureuses dans la guerre de la succession, doivent flétrir la mémoire de Louis XIV. Je leur demande s'il faut juger par les événements ? Je leur demande si le feu Roi devait priver son petit-fils du trône que le Roi d'Espagne lui avait laissé par son testament, & où ce jeune Prince était appellé par les vœux de toute la nation. Philippe V. avait pour lui les loix de la nature, celles du droit des gens, celles mêmes par qui toutes les familles de l'Europe sont gouvernées, les dernières volontés d'un testateur, les acclamations de l'Espagne entière; disons la vérité, il n'y a jamais eu de guerre plus légitime.

Louis XIV la soutint seul avec constance pendant plusieurs années; il la finit heureusement après les plus grandes infortunes. C'est à lui que le Roi d'Espagne d'aujourd'hui, le

Justice de la guerre de 1701.

Roi de Naples, le Duc de Parme doivent leurs états.

Je n'ai pas juftifié de même (& Dieu m'en garde) la guerre contre la Hollande qui lui attira celle de 1689. L'Europe a prononcé que c'eft une grande faute ; il en fit l'aveu en mourant. Il ne faut pas charger de reproches ceux qui ont eu la gloire de fe repentir.

Le public en général eft plus éclairé qu'il ne l'était. Servons-nous donc de nos lumières pour voir les chofes fans paffion & fans préjugés.

Louis XIV veut réformer les loix, elles en avaient certes befoin. Il choifit pour cette fage entreprife les magiftrats les plus éclairés du royaume. Ce n'eft pas fa faute s'ils ont confervé des ufages barbares, & fi les avis auffi humains que judicieux du préfident de Lamoignon n'ont pas été fuivis ; on s'en rapporta toujours à la pluralité des voix & l'on ne pouvait guères en agir autrement. Que refte-t-il à faire aujourd'hui pour achever ce grand ouvrage de Louis XIV ? De trouver des Lamoignon qui travaillent avec des Maupeoux & qui nettoyent nos loix de la rouille ancienne de la barbarie.

Loix de Louis XIV

O iiij

Ministère de l'illustre Colbert.

Quelques personnes ne cessent depuis plusieurs années de critiquer l'administration du célèbre Colbert. Il est condamné dans plus de vingt volumes pour n'avoir pas rendu le commerce des grains entiérement libre ; mais les censeurs se souviennent-ils que le Duc de Sulli fit la même défense depuis 1598 ? Il craignait le transport des blés hors du Royaume ; il avait fait l'expérience de l'impétuosité Française dans qui l'avidité du gain présent l'emportait souvent sur la prévoyance. Il voyait une nation exposée à souffrir la faim pour avoir outré la vente du blé dans l'espérance d'une nouvelle récolte heureuse.

Sortie de blés.

Depuis ce tems la défense subsista toujours jusqu'à l'année 1764. où le Conseil du Roi régnant a jugé pour le bonheur de la nation devenue plus éclairée, qu'il faut encourager la sortie des blés avec les tempéramens convenables.

Il me semble qu'on ne doit pas attaquer légérement la mémoire d'un homme tel que Colbert. Il ne faut pas dire qu'il a sacrifié la culture des terres à l'esprit *mercantile*. Ses vûes étaient certainement grandes & nobles sur la marine & sur le commerce qu'il créa en France. L'épithète de mercantile ne convient pas plus au génie de ce Ministre que celle d'égrefin à un Général d'armée.

Qu'il me soit permis de rapporter ici ce qu'on a pû déja lire dans le siècle de Louis XIV. » Colbert arriva au maniement des fi-
» nances avec de la science & du génie ;
» commença comme le Duc de Sulli par ar-
» rêter les abus & les pillages qui étaient énor-
» mes. La recette fut simplifiée autant qu'il
» était possible : & par une économie qui
» tient du prodige, il augmenta le trésor du
» Roi en diminuant les tailles. On voit par
» l'édit mémorable de 1664. qu'il y avait tous
» les ans un milion de ce tems-là destiné
» à l'encouragement des manufactures & du
» commerce maritime. Il négligea si peu les
» campagnes abandonnées jusqu'à lui à la rapa-
» cité des traitans, que des négocians Anglais
» s'étant adressé à Mr. Colbert de Croissy son
» frère, ambassadeur à Londres, pour fournir
» en France des bestiaux d'Irlande & des salai-
» sons pour les colonies en 1667, le Contrô-
» leur-général répondit que depuis quatre ans
» on en avait à revendre aux étrangers. «

Mr. de Fourbonnaye, qui a fourni de si

grandes lumières sur les finances de la France, cite le même fait, & il est lui - même trop estimable pour ne pas estimer un Colbert.

Dans le dictionnaire de l'Encyclopédie à l'article *vingtième*, page 87. Tome XVII. il est dit » que ce Ministre préféra la gloire
» d'être pour tous les peuples un modèle de
» futilités, & de les surpasser dans tous les
» arts d'ostentation, à l'avantage plus solide
» & toujours sûr de pourvoir à leurs besoins
» naturels.

Il est dit » qu'il n'avait pas les matières
» premières, qu'il en provoqua l'importation
» de toutes ses forces, & prohiba l'exporta-
» tion de celle du pays.

J'aimais l'auteur de cet article, mais j'aime encor plus la vérité. Je suis obligé de dire qu'il s'est trompé en tout. Le Ministre qu'il condamne, était si loin de négliger l'agriculture que dans son mémoire présenté au Roi le 22 Octobre 1664, il s'exprime en ces mots, *Les principaux objets sont l'agriculture, la marchandise, la guerre de terre & celle de mer.* Ce mémoire est public aujourd'hui.

Il est encor très - faux qu'il n'eut point de matières premières, car il se les donna. Il établit dans les ports, pour le service de la marine, les manufactures & les magazins de tout ce qu'on achetait avant lui chez les Hollandais. Il eut aussi la matière première de la soye en pressant les plantations des mûriers. Je sais par expérience de quelle prodigieuse utilité est cette entreprise. L'auteur de l'article *vingtiéme* ne le savait pas : & je suis en droit de rendre témoignage en ce point à la sagesse du Ministre.

C'est la mode aujourd'hui de dégrader les grands hommes; mais si les critiques veulent se souvenir qu'ils doivent aux soins infatigables de ce Ministre toutes les manufactures qui contribuent à l'aisance de leur vie depuis les tapisseries des Gobelins jusqu'aux bas au métier, ils connaîtront qu'il y aurait non-seulement de l'injustice à se plaindre de lui, mais encor de l'ingratitude.

Il me semble que Boileau avait raison dans ces tems alors heureux de dire à Louis XIV, qu'il peindrait....

> Les soldats dans la paix doux & laborieux.
> Nos artisans grossiers rendus industrieux.
> Et nos voisins frustrés de ces tribus serviles
> Que payait à leur art le luxe de nos villes.

Compagnie des Indes.

Je ne m'attendais pas qu'on dût faire à Louis XIV. & à son ministre un reproche de l'établissement de la compagnie des Indes; elle n'était pas nécessaire peut-être du tems de Henri IV. On consommait alors dix fois moins d'épiceries que de nos jours. On ne connaissait ni caffé, ni thé, ni tabac, ni curiosités de la Chine, ni étoffes fabriquées chez les Brames. Nous étions moins riches, moins éclairés qu'aujourd'hui, mais plus sages. N'accusons que nous de nos nouveaux besoins, & ne calomnions pas les vues étendues des vrais hommes d'état qui n'ont été occupés qu'à nous satisfaire.

Jamais édit du Roi n'ordonna aux Parisiennes de faire contribuer les quatre parties du monde au déjeûner de leurs femmes de chambre, de tirer des rivages de la mer rouge une petite fève âcre, de l'herbe de la Chine, leurs tasses du Japon & leur sucre de l'Amérique.

Louis XIV. ne dit jamais aux Français, je vous ordonne de mettre pour quatre millions cinq cent mille livres par an d'une poudre puante dans votre nez, & vous l'irez chercher dans la Virginie & chez les Quakers. J'ordonne que toutes les bourgeoises ayent des engageantes de mousseline brodées par les filles des Bracmanes, & des robes filées au bord du Gange.

Joignez à toutes nos fantaisies le besoin moins imaginaire peut-être des épiceries & cet ancien proverbe : *Cela est cher comme poivre*, proverbe trop bien fondé sur ce qu'en effet une livre de poivre valait au moins deux marcs d'argent avant les voyages des Portugais. Enfin, il fallait ou nous ruiner pour acheter ce superflu de nos voisins, ou nous ruiner un peu moins en allant le chercher nous-mêmes. Les Anglais avaient des compagnies dans l'Inde & les Hollandais des royaumes. Il s'agissait d'être leur tributaire ou leur rival.

Qu'on se transporte dans ces tems de gloire & d'espérance ; qu'on juge si on aurait été bien venu à dire alors aux Français, payez à vos ennemis ce que vous pouvez vous procurer vous-mêmes. Une preuve que ce grand projet de commerce était très-bien imaginé par le ministère, c'est qu'il fut redouté des puissances maritimes. Tout établissement est bon quand vos ennemis en sont jaloux.

Les Hollandais nous prirent Pondicheri en 1693. C'était la moindre récompense que le Roi de France dût attendre de son invasion en Hollande ; invasion qu'assurément on n'attribuera pas au fage Colbert ; mais au fuperbe & laborieux ennemi de Colbert, des Hollandais & de Turenne.

Le miniftre des finances fut jetté hors de toutes fes mefures pour cette guerre, pour laquelle il fallut faire quatre cent millions de mauvaifes affaires qu'il avait en horreur. Il dépendit des traitans dont il avait voulu abolir pour jamais le fatal fervice.

Perfécutions. Ce n'eft pas lui non plus qui perfécuta les Proteftans. Il favait trop combien ils étaient utiles dans les finances, le commerce, les manufactures, la marine & même l'agriculture. Il fentit la playe de l'état. J'ai vu des notes de lui chez Mr. de Montmartel, dans lefquelles il dit qu'il a eu les mains liées. Ces notes font de 1683, l'année la plus brillante de la finance & malheureufement l'année de fa mort.

Madame de Caylus, nièce de Madame de Maintenon, née proteftante comme fa tante, dit expreffément dans fes Souvenirs, *que le Roi fut trompé dans cette longue & malheureufe affaire par ceux en qui ce Monarque avait mis fa confiance.* Il avait le jugement fain & droit, mais qui n'étant pas éclairé par l'hiftoire de fon propre royaume pouvait être aifément fé-

duit par un confesseur, par un ministre, &
fasciné par les prospérités. On lui fit toujours
croire qu'il était assez grand pour dominer
d'un mot sur toutes les consciences. Il fut trompé comme il le fut depuis par le jésuite Le
Tellier ; on ne l'aurait pas trompé, si on lui
avait dit qu'il était assez grand pour se faire
obéir également des deux religions rivales.
Trente ans de victoires & de succés en tout
genre, avec trois cent mille hommes de troupes devaient l'assurer de la soumission de tout
l'état.

On condamne encor ses bâtiments. Cependant la famille royale & toute la cour & les
ministres ne sont logés que par lui, soit à
Versailles, soit à Fontainebleau, soit à Paris
même qui désire depuis Henri IV. de voir ses
rois ; mais ces bâtimens ont-ils été à charge
à l'état ? Ils ont servi à faire circuler l'argent
dans tout le royaume & à perfectionner tous
les arts qui marchent à la suite de l'architecture.

L'établissement de St. Cyr qui subsiste principalement du revenu de l'abbaye de St. Denis
en soulageant deux cent cinquante familles nobles, n'a rien coûté à la France. Ce monument & celui des Invalides ont été les plus

Bâtimens

beaux de l'Europe, sans contredit, jusqu'à celui de l'Ecole militaire. (*)

Les faiblesses & les fautes de Louis XIV. n'ont pas empêché Don Uftaris de le propofer pour modèle au gouvernement de l'Espagne & de l'appeller *un homme prodigieux*. Ses anciens ennemis lui ont payé à fa mort le tribut d'eftime qu'ils lui devaient.

Il eft très-aifé de gouverner un Royaume de fon cabinet avec une brochure ; mais quand il faut réfifter à la moitié de l'Europe après cinq grandes batailles perdues, & l'affreux hiver de 1709, cela n'eft pas fi facile.

Il n'eft pas fi facile non plus de gouverner une compagnie à fix mille lieues. Il eft clair que Louis XIV. en bâtiffant Pondicheri, & le Duc d'Orléans en le relevant, ne purent avoir d'autre objet que la gloire & le bien de la nation ; je défie qu'on en imagine un troifieme. La compagnie, à fa réfurrection vers 1720 fous la Régence, a commencé fon commerce avec beaucoup plus d'argent que la fameufe compagnie

(*) NB. C'eft Mr. du Verney qui inventa l'Ecole militaire ; c'eft Madame de Pompadour qui le propofa. Il faut rendre juftice, la gloire eft le feul prix du bien qu'on a fait.

compagnie Hollandaise n'avait commencé le bien avant sa conquête des Moluques. Quel fléau l'a détruite une seconde fois ? La guerre.

Dès qu'on tire un coup de canon en Flandres, il retentit en Amérique & à la côte de Coromandel. A cette guerre contre les Anglais, se sont joints une foule de maux aussi dangereux ; la discorde intestine, la rapacité, la jalousie entre les déprédateurs heureux & les malheureux ; une autre jalousie plus furieuse encor, celle du commandement qui est si souvent accompagnée de l'insolence, de la perfidie, des plus noires intrigues, & des plus fatales impostures.

Désastres inévitables de la Compagnie des Indes.

Les vaisseaux de l'Inde partaient moins chargés de marchandises que de délateurs, de calomniateurs, de faux témoins, de procès verbaux signés par le mensonge dans l'Inde, & soutenus par la corruption en France. Il en couta quatre ans de liberté au vainqueur de Madras, à un homme d'un rare mérite, à ce La Bourdonnaye qui seul avait vengé l'honneur du pavillon Français dans les mers de l'Inde. Il en a couté la vie au lieutenant-général Lalli, qui du jour qu'il aborda dans Pondichéri pour y remettre l'ordre & y réta-

P

blir le service, eut dix fois plus d'ennemis dans la ville qu'il n'avait d'Anglais à combattre : brave homme fans doute, Jacobite jufqu'au martire, implacable contre les Anglais, attaché à la France par paffion : fa fatale cataftrophe eft aujourd'hui confondue avec tant d'autres qui font inutilement frémir la nature humaine, & que Paris oublie le lendemain pour des plaifirs fouvent ridicules & bientôt oubliés auffi.

Quel fut depuis le fort de la Compagnie ? des procès contre des citoyens qui avaient combattu pour elle, des dettes immenfes avec l'impuiffance de payer, la reffource inutile des lotteries, le défir & l'incapacité de fe foutenir. Elle avait été la feule Compagnie dans l'univers qui eut commercé pendant près de cinquante années fans jamais partager entre les actionnaires le moindre profit, le moindre foulagement produit par fon commerce.

Tout ce que je fais, c'eft que la Compagnie Anglaife partage actuellement cinq & demi pour cent pour les fix mois courans.

A l'égard de celle de Hollande, c'eft une grande Puiffance fouveraine. Les actionnaires avaient déja partagé 150 pour cent de leur première mise en 1608. après les dépenses immenses de l'établissement payées sur les profits.

Maintenant qu'on reproche tant qu'on voudra au Duc d'Orléans régent d'avoir rendu la vie à notre Compagnie des Indes, & à Louis XIV. de l'avoir fait naître; je dirai, ils ont tous deux fait une belle entreprise. Le Roi de Dannemarc les a imités & a réussi. Les Français se sont mal conduits, & ils ont échoué; la vérité ordonne d'en convenir.

Justification de Louis XIV & du Régent.

On sait assez que l'histoire ne doit être ni un panégirique, ni une satyre, ni un ouvrage de parti, ni un sermon, ni un roman. J'ai eu cette règle devant les yeux quand j'ai osé jetter un œil philosophique sur la terre entière. J'envisage encor le siècle de Louis XIV comme celui du génie, & le siècle présent comme celui qui raisonne sur le génie. J'ai travaillé soixante ans à rendre exactement justice aux grands hommes de ma patrie. J'ai obtenu quelquefois pour récompense la persécution & la calomnie. Je ne me suis point découragé. La vérité m'a été plus précieuse que les clameurs injustes ne sont méprisables. Je ne me défends point ; je défends ceux qui sont morts en servant la patrie ou en l'instruisant. Je défends

P ij

Du Maréchal de Villars.

le maréchal de Villars, non parce que j'ai eu l'honneur de vivre dans fa familiarité dix années conſécutives dans ma jeuneſſe, mais parce qu'il a ſauvé l'état. Un miſérable réfugié affamé oſe dans ſa démence imprimer (*a*) qu'à la bataille de Malplaquet ce Général paſſa pour s'être bleſſé légèrement lui-même, afin d'avoir un prétexte de quitter le champ de bataille & de faire croire qu'il eût été vainqueur ſans ſa bleſſure. Je dois confondre l'infamie abſurde de ce calomniateur.

A-t-il la ſcélérateſſe non moins extravagante d'imputer (*b*) au Régent de France des actions que les plus vils des hommes ne regardent aujourd'hui (grace à mes ſoins peut-être) que comme des rêveries dignes du mépris le plus profond ; J'ai dû faire rentrer dans le néant cette exécrable impoſture.

Du P. de Maiſons.

A-t-il dit (*c*) que le premier Préſident de Maiſons (dont le fils mon ami intime eſt mort entre mes bras) était premier Préſident quand

---

(*a*) Mém. de Maintenon, Tom. V, pag. 99.

(*b*) Tom. IV, pag. 346 & ſuivantes de l'édition de l'Hiſtoire de Louis XIV, falſifiées par lui & chargées de notes infames, chez Eslinger, à Francfort.

(*c*) Mém. de Maintenon, Tom. V, pag. 228.

le Duc d'Orléans fut déclaré Régent, & qu'il faisait une cabale contre ce Prince. J'ai dû faire appercevoir que jamais ce Magistrat ne fut premier Président, & apprendre au public que loin de vouloir priver le Prince de son droit, ce fut lui qui arrangea tout le plan de la régence.

Plus de cent histoires modernes ont été compilées sur des journaux remplis de nouvelles impertinentes semblables à ces mensonges imprimés dont je parle. Peut-être un jour ces histoires passeront pour autentiques. Celui qui consacrerait son travail à prévenir le public contre cette foule d'impostures, éléverait un monument utile. Ce serait le serpent d'airain qui guérirait les morsures des vrais serpens. Si j'ai pris la liberté de réfuter le livre estimable *des Ephémérides du Citoyen*, j'ai dû à plus forte raison confondre les calomnies de l'extravagant ennemi de tous les citoyens.

ARTICLE TREIZIEME.

Défense de Louis XIV. contre les Annales Politiques *de l'Abbé de St. Pierre.*

Dans un dictionnaire d'impostures & d'ignorances intitulé *Les trois Siècles*, voici ce qu'on trouve, tom. III, pag. 262, à l'article de l'abbé Castel de St. Pierre.

» Le plus connu de ses autres ouvrages est
» celui qui a pour titre, Annales Politiques
» de Louis XIV. où l'auteur offre un tableau
» frappant des progrès de l'esprit chez notre
» nation pendant le règne de ce monarque,
» & où Mr. de Voltaire a puisé l'idée si mal
» remplie de son siècle de Louis XIV... le
» détail des faits ne se présente chez l'un &
» l'autre écrivain que de profil. «

Il est aussi facile que nécessaire de faire voir qu'il n'y a pas un mot de vérité dans tout ce passage.

Premièrement il est bien faux que le *Siècle de Louis XIV.* composé en 1745, & imprimé d'abord en 1750, ait pu être pris des *Annales Politiques* de l'abbé de St. Pierre, qui n'ont vu le jour qu'en 1757. Nous ne cesserons de redire qu'il sied bien à un écrivain de ne point répondre quand on attaque son stile; il serait inutile d'examiner si des faits se présentent *de profil* ; mais il est juste & nécessaire de mettre un frein au mensonge & à la calomnie. (*)

Secondement nous dirons que nous fûmes justement surpris, quand nous lûmes les *Annales* de l'abbé de St. Pierre: il traite Louis XIV. & son conseil de *grands enfans* en trente endroits. Louis XIV. fit des fautes comme tant d'autres Souverains ; & il eut par-dessus eux le courage de l'avouer ; mais ces fautes ne sont pas assurément celles d'un grand enfant.

L'abbé de St. Pierre répéte souvent que tous les vices du gouvernement de ce monarque venaient de ce qu'il n'avait pas adopté

(*) Voyez l'article XVI de ces fragments. Voyez aussi les trois siècles à l'article de St. Didier, où l'abbé Sabatier, auteur de ces trois siècles ; affirme que la Henriade est pillée d'un poëme de St. Didier, intitulé Clovis. Vous remarquerez qu'il y avait déjà trois éditions de la Henriade sous le titre de la Ligue quand le Clovis de St. Didier parut & disparut.

P iiij

la méthode du scrutin perfectionné, & de ce qu'il n'avait pas pensé à établir la diette européane ou europaine avec les quinze dominations égales & la paix perpétuelle.

Ces chimères avaient été souvent rebattues par l'abbé de St. Pierre, dans plusieurs de ses petits livres, & n'avaient été remarquées que pour leur singularité. Il croyait avoir perfectionné la république de Platon & le gouvernement imaginaire de Salente. Nous avons eu en France, en Angleterre beaucoup de ces projets, quelques-uns peut-être désirables, & nul de praticables; nous sommes même encor aujourd'hui accablés de systêmes. Celui de Maximilien De Roni, duc de Sulli, a paru le plus étonnant de tous. Bouleverser toute l'Europe pour y introduire une paix perpétuelle, changer toutes les dominations pour les rendre égales, substituer un intérêt général à tous les intérêts de chaque pays, avoir une ville commune, une armée commune, des finances communes ! Un tel roman n'était bon que dans la comédie du Potier-d'étain, ou de si Politik.

Il se peut que Henri IV. & le duc de Sulli se fussent quelquefois égayés, dans la converfation, à parler de ce roman ; mais qu'on en ait férieufement fait le plan, que Henri IV, la reine Elizabeth, la république de Venife, & plufieurs princes d'Allemagne fe foient liguès enfemble pour l'exécuter, c'eft ce qui eft démontré faux. La démonftration confifte en ce qu'on n'a jamais retrouvé aucun veftige d'une pareille négociation, ni dans les archives de Londres, ni chez aucun prince d'Allemagne, ni à Venife, ni dans les mémoires du fécretaire d'état Villeroi, miniftre du dehors fous Henri. Le filence en cas pareil parle affez hautement.

L'abbé de St. Pierre ofa fuppofer que les projets de gouverner la France par fcrutin, & de partager l'Europe en quinze dominations, pour lui affurer une paix perpétuelle, avaient été adoptés & redigés par le Dauphin duc de Bourgogne, père de Sa Majefté Louis XV, & qu'à la mort de ce prince, ils avaient été trouvés parmi fes papiers. On lui remontra qu'il était faux que dans les papiers du duc de Bourgogne on en eut trouvé un feul qui eut le moindre rapport à ces romans politiques ; qu'il n'était pas permis d'abufer ainfi d'un nom fi refpectable, & de mentir fi groffièrement pour autoriser des chimères. Voici ce qu'il répondit en propres mots. (*)

» Je n'en ai de preuves que des ouï-dire
» vraisemblables. C'était un prince très-ap-
» pliqué à la science du gouvernement... De
» là sont nées apparemment les opinions qu'il
» eût exécuté ces beaux projets, si une mort
» précipitée ne l'eut empêché de régner. Je
» n'ai donc sur cela que des ouï-dire, &c. «

On pourrait repliquer à l'abbé de St. Pierre que ces prétendus ouï-dire n'avaient pas le moindre fondement, & qu'il les inventait pour s'autoriser d'un grand nom. Il ne tenait qu'à Mr. Caritidès d'attribuer ses projets à Louis XIV.

Cependant après une telle réponse, il se crut le réformateur du genre-humain. Il appella son scrutin perfectionné Antropomètre & Basilomètre ; & continua à gouverner.

Page 167.

Malheureusement pour lui, parmi quarante de ses volumes, on distingua sa Polisinodie & on y fit quelque attention. Cet ouvrage essuya le même sort que l'Eloge du système

---

(*) Ouvrage de politique, par Mr. l'abbé de St. Pierre, à Rotterdam, chez Beman ; & à Paris, chez Briasson, Tom. III, pag. 191 & 192.

de Lafs, par l'abbé Terraſſon. A peine cet éloge avait-il, paru que le ſyſtême s'écroula de fond en comble; & lorſque l'abbé de St. Pierre démontrait que la poliſinodie, c'eſt-à-dire, la multitude des conſeils était la ſeule forme du gouvernement qu'on pût admettre, le duc d'Orléans, régent, qui d'abord avait adopté cette forme, prenait déjà des meſures pour l'abolir.

Comme l'auteur avait donné au gouvernement de Louis XIV. le nom de Viſirat & de demi-Viſirat, le cardinal de Polignac & le cardinal de Fleuri alors précepteur du Roi, furent choqués de ces expreſſions: ils crurent que puiſqu'on traitait de viſirs les miniſtres de Louis XIV, on traitait ce monarque chrétien de Grand-Turc: tous deux étaient de l'académie, ainſi que l'Abbé; ils y portèrent leurs plaintes contre leur confrère dans deux diſcours qui ſont imprimés.

On ne voit pas que le terme de grand-viſir ſoit plus injurieux que celui de préfet du prétoire ſous les empereurs Romains; mais enfin les plaintes des deux académiciens prévalurent contre leur confrère, & il fut exclus de l'académie. Ce qu'il y eut de plus ſingulier dans cette affaire, & que nous avons remarqué dans le siècle de Louis XIV, c'est que le cardinal de Polignac en poursuivant l'auteur de la Polisinodie, adoptée alors par le duc d'Orléans, régent du royaume, conspirait contre lui dans ce tems-là même. Cependant le régent, qui se doutait déjà des intrigues de Polignac, & qui ne voulut pas manifester ses soupçons, lui abandonna St. Pierre, premier aumônier de sa mère; & ce pauvre aumônier fut la victime du service qu'il avait cru rendre au régent: accident fort commun aux gens de lettres.

L'Abbé continua tranquillement à éclairer le monde & à le gouverner. Il publia une ordonnance pour rendre les ducs & pairs utiles à l'Etat; il diminua toutes les pensions par un de ses édits, vuida tous les procès, permit aux prêtres & aux moines de se marier; & ayant ainsi rendu la terre heureuse, il s'occupa de ses Annales Politiques, qui sont poussées jusques à l'année 1739, & qui ne furent imprimées que long-tems après sa mort. Elles finissent par une comparaison entre Louis XIV. & Henri IV. Il donne la préférence entière à Henri IV. sans concurrence; & une de ses plus fortes raisons est que ce prince voulait établir, selon lui, *la diette-europaine & le scrutin perfectionné.*

Si nous osions mettre dans la balance Henri IV & Louis XIV, nous laisserions-là ce scrutin & cette paix perpétuelle. Nous dirions que Henri IV & Louis XIV. naquirent heureusement tous deux avec des caractères & des talens convenables aux tems où ils vécurent.

Henri, né loin du trône, élevé dans les guerres civiles, toujours éprouvé par elles, persécuté par Philippe second jusqu'à la paix de Vervins, avait besoin du courage d'un soldat. Louis, né sur le trône, maître absolu vers le tems de son mariage, eut cette valeur tranquille que forment l'honneur, la gloire & la raison: il vit souvent le danger sans s'émouvoir. C'était ce même courage d'esprit qu'il déploya les derniers jours de sa vie : ce n'était pas dans lui l'emportement d'un sang bouillant, comme dans Charles XII, ou dans Henri IV.

Il y avait entre Henri & Louis cette différence qui se trouve si souvent entre un gentilhomme qui a sa fortune à faire & un autre qui est né avec une fortune toute faite. L'un fut toujours obligé de chercher des ressources ; l'autre trouva tout préparé autour de lui pour seconder en tout genre sa passion pour la gloire, pour la magnificence & pour les plaisirs. Henri IV, par sa position, fut long-tems un chef de parti ; forcé de se mesurer souvent avec des avanturiers, qui dans d'autres tems auraient attendu respectueusement les ordres de ses domestiques. L'autre, dès qu'il agit par lui-même, attira les regards de l'Europe entière : tout deux ennemis de la maison d'Autriche ; mais Henri, accablé trente ans par elle ; & Louis XIV. l'accablant trente ans de suite du poids de sa grandeur & de sa gloire.

Henri, forcé d'être toujours très-économe ; & Louis, invité par sa puissance & par l'amour de cette gloire à répandre des libéralités, sur-tout dans ses voyages à protéger tous les beaux arts, non-seulement chez lui, mais chez les étrangers, à élever des hôpitaux, des palais, des églises & des forteresses.

Tout deux, quoique d'un caractère opposé, avaient le goût de l'ancienne chevalerie, mêlant la galanterie à la guerre ; s'échappant des bras de leurs maîtresses pour aller surprendre une ville. Péliſſon, dans ſes lettres, nous apprend que Louis XIV. lui demanda ſi la religion lui permettait de propoſer un duel à l'empereur Léopold, qui était à-peu-près de ſon âge. Il ſe peut qu'un tel diſcours ne fut pas inſpiré par une envie déterminée de ſe battre contre ce prince ; mais pour Henri, on ſait aſſez qu'il n'y eut point de rencontre où il ne fit *le coup de main* ; & l'hiſtoire n'a point de héros qu'il n'eut défié au combat. Lorſqu'à l'âge de cinquante-ſept ans il était prêt de partir pour aller ſur le Rhin ſe mettre à la tête de la ligue, qu'on appellait Proteſtante, contre celle à qui l'on donna le nom de Papiſte, il ſe préparait à porter les armes comme à l'âge de vingt ans. Louis XIV, après huit ans de déſaſtres dans la guerre de la ſucceſſion d'Eſpagne, prit la réſolution ferme d'aller combattre lui-même à la tête de ce qui lui reſtait de troupes, quoiqu'à l'âge de ſoixante & dix années.

Tout deux portèrent cet eſprit de chevalerie dans leurs amours : l'un voulut épouſer ſa maîtreſſe ; l'autre en effet épouſa la ſienne.

Il y eut dans Henri plus d'activité, plus d'héroïſme ; dans Louis, plus de majeſté &

plus d'éclat, plus d'art d'en impofer ; l'un femblait né pour être guerrier, l'autre pour être roi.

Si Henri fut plus grand que Louis par l'excès du courage, par une lutte continuelle contre la mauvaife fortune, & contre une foule d'ennemis & de perfécutions ; le fiècle de Louis XIV. fut beaucoup plus grand que celui de Henri IV, car il fut le fiècle des grands talens dans tous les genres ; & celui de Henri fut le fiècle des horreurs de la guerre civile, des fombres fureurs du fanatifme, & de l'abrutiffement féroce des efprits ignorants.

Voilà à-peu-près l'idée que nous eûmes de ces deux règnes, fans nous mettre plus en peine du *fcrutin perfectionné*, que Henri IV. & Louis XIV. ne s'en embaraſsèrent.

ARTICLE

ARTICLE QUATORZIEME.
Fragment sur la St. Barthelemi.

ON prétend en vain que le chancelier de l'Hôpital & Christophe de Thou premier président, disaient souvent, *excidat illa dies*, *que ce jour périsse*. Il ne périra point, (*) ces vers mêmes en conservent la mémoire. Nous fîmes aussi nos efforts autrefois pour la perpétuer. Virgile avait mieux réussi que nous à transmettre aux siècles futurs la journée de la ruine de Troye. La grande poësie s'occupa toujours d'éternifer les malheurs des hommes.

Nous fûmes étonnés de trouver en 1758, près de deux cent ans après la St. Barthelemi, un livre contre les Protestants, dans lequel est une dissertation sur ces massacres; l'auteur veut prouver ces quatre points qu'il énonce ainsi,

1°. Que la religion n'y a eu aucune part.
2°. Que ce fut une affaire de proscription.
3°. Qu'elle n'a dû regarder que Paris.

(*) Ce sont des vers de Silvius-Italicus;
Excidat illa dies ævo, nec postera credant
Sæcula... &c.

4°. Qu'il y a péri beaucoup moins de monde qu'on n'a écrit.

Au 1°. nous répondons. Non fans-doute, ce ne fut pas la religion qui médita, & qui exécuta les maſſacres de la St. Barthelemi, ce fut le fanatiſme le plus exécrable. La religion eſt humaine, parce qu'elle eſt divine ; elle prie pour les pécheurs & ne les extermine pas ; elle n'égorge point ceux qu'elle veut inſtruire. Mais ſi on entend ici par religion ces querelles ſanguinaires de religion, ces guerres inteſtines qui couvrirent de cadavres la France entière pendant plus de quarante années, il faut avouer que cet effroyable abus de la religion arma les mains qui commirent les meurtres de la St. Barthelemi. Nous convenons que Catherine de Médicis, le duc de Guiſe, les cardinaux de Birague & de Rets, qui conſeillèrent ces maſſacres, n'avaient pas plus de religion que Mr. l'Abbé, qui en veut diminuer l'horreur. Il nous reproche de les avoir appellés cardinaux, ſous prétexte qu'ils ne furent décorés de la pourpre romaine qu'après avoir répandu le ſang des français. Mais ne dit-on pas tous les jours qu'un autre cardinal de Rets fit la première guerre de la fronde, quoiqu'il ne fut alors que coadjuteur de Paris ? Que fait aux massacres de la Saint-Barthelemi le quantième du mois où un Birague reçut sa barette ? Est-ce par de tels subterfuges qu'on peut défendre une si détestable cause ? Oui, le fanatisme religieux arma la moitié de la France contre l'autre. Oui, il changea en assassins ces Français aujourd'hui si doux & si polis, qui s'occupent gaiement d'opéra comiques, de querelles de danseuses & de brochures. Il faut le redire cent fois, il faut le crier tous les ans le 24 Auguste, ou le 24 Août, afin que nos neveux ne soient jamais tentés de renouveller religieusement les crimes de nos détestables pères.

2°. *Que ce fut une affaire de proscription.*

Quelle affaire ! proscrire ses propres sujets, ses meilleurs capitaines, ses parents, le prince de Condé, notre Henri IV. depuis restaurateur de la France, notre héros, notre père, qui n'échappa qu'à peine à cette boucherie ! On dit une affaire de finance, une affaire d'honneur ou d'intérêt, affaire de barreau, affaire au conseil, affaires du Roi, homme d'affaires;

Mais qui avait jamais entendu parler d'affaires de proscription ! Il semble que ce soit une chose simple & en usage. Il n'est que trop vrai que ce fut une proscription, & c'est ce qui excitera toujours nos cris & nos larmes.

Mais on laissa au peuple fanatique & barbare le soin de choisir ses victimes. Le frère pouvait assassiner son frère, le fils plonger le couteau dans les mammelles qui l'avaient allaité. Il n'est que trop vrai qu'on égorgea des femmes & des enfans. *Les charretes chargées de corps morts de damoiselles, femmes, filles & enfans, étaient menées & déchargées dans la rivière.* Quelle affaire !

3°. *Que cette affaire n'a jamais dû regarder que Paris.*

Et pour nous prouver cette étrange assertion, Mr. l'Abbé nous assure qu'à Troye un Catholique voulut sauver la vie à Etienne Marguien ! mais il ne nous dit point qu'Etienne Marguien échapât au carnage. Si cette affaire n'avait regardé que Paris, pourquoi la cour envoya-t-elle des ordres à tous les gouverneurs des provinces & des villes de répandre partout le sang des sujets. Il y en eut qui s'en excuſerent. Les Seigneurs de St. Herem, d'Ortes, d'Ognon, de La Guiche, Gordes, & d'autres écrivirent au Roi en différents termes, qu'ils avaient des ſoldats pour ſon ſervice, & non des bourreaux.

Au reſte, il doit nous être permis d'en croire les véridiques Auguſte de Thou & Maximilien duc de Sully, qui virent de bien plus près la St. Barthelemi que Mr. l'Abbé, qui n'y était pas, & qui ne paſſe peut-être pas auſſi véridique.

4°. *Qu'il y a péri beaucoup moins de monde qu'on n'a écrit.*

Il n'eſt pas poſſible de ſavoir le nombre des morts; on ne ſait pas dans les villes le nombre des vivants. Tel auteur exagère, tel autre diminue, perſonne ne compte. Nous n'avons jamais cru aux trois cent mille Sarazins tués par Charles Martel; il n'eſt pas queſtion ici de ſavoir au juſte combien de Français furent maſſacrés par leurs compatriotes. Qui pourra jamais avoir une liſte exacte des habitans de Theſſalonique égorgés par l'ordre de Théodoſe dans le Cirque où il les invita par des jeux ſolemnels ? Il eſt avéré que tout ce qui entra fut tué. Theſſalonique était une ville marchande, opulente & peuplée. Il n'eſt pas vraiſemblable qu'elle ne contînt que ſept mille ames. Mais que Théodoſe dans ſa St. Barthelemi ait fait maſſacrer quinze mille de ſes ſujets, ou trente mille, le crime eſt égal.

L'archevêque Péréfixe pouſſe juſqu'à cent mille le nombre des victimes frappées dans la proſcription de Charles neuf. Le ſage de Thou réduit ce nombre à ſoixante & dix mille. Prenons une moyenne proportionnelle arithmétique, nous aurons quatre-vingt-cinq mille. Quelle affaire, encor une fois!

De nos jours, un avocat Irlandais a plaidé pour les maſſacres d'Irlande, exécutés ſous le règne de l'infortuné Charles I. Il a ſoutenu que les Irlandais Catholiques n'avaient aſſaſſiné que quarante mille Proteſtants. Nous ne voulons pas compter après lui; mais en vérité ce n'eſt pas peu de choſe que quarante mille citoyens expirants dans des tourments recherchés, des filles attachées vivantes encor aux cous de leurs mères ſuſpendues à des potences, les parties génitales des pères de famille miſes toutes ſanglantes dans la bouche de leurs femmes égorgées, & leurs enfans coupés par morceaux sous les yeux des pères & des mères; le tout à la plus grande gloire de Dieu.

Nous aurions mauvaise grace de nous plaindre des reproches que nous fait Mr. l'Abbé sur ce que nous fîmes, il y a cinquante ans, je ne sais quel poëme épique dans lequel il est parlé de la St. Barthelemi. Un de nos parents fut tué dans cette journée ; mais nous nous tenons très-heureux d'en être quittes aujourd'hui pour des injures.

ARTICLE QUINZIEME.

Fragment sur la révocation de l'Edit de Nantes.

LA fameuse révocation de l'Edit de Nantes est regardée comme une grande playe de l'Etat. Lorsque nous fûmes obligés d'en parler dans *le siècle de Louis XIV*, nous fûmes bien loin de vouloir dégrader un monument que nous élevions à la gloire de ce siècle mémorable ; mais (*) madame de Cailus, nièce de madame de Maintenon, dit que le Roi *avait*

(*) Souvenirs de madame de Cailus.

été trompé. La Reine Christine (*) écrit que Louis XIV. s'était coupé le bras gauche avec le bras droit. Nous dûmes plaindre la France d'avoir porté chez les étrangers & même chez ses ennemis, ses citoyens, ses trésors, ses arts, son industrie, ses guerriers. Nous avouâmes que l'indulgence, la tolérance dont les hommes ont tant de besoin les uns envers les autres, était le seul appareil qu'on put mettre sur une blessure si profonde.

Ce divin esprit de tolérance, qui au fond n'est que la charité, *charitas humani generis*, comme dit Cicéron, a depuis quelques années tellement animé les ames nobles & sensibles que Mr. de Fitz-James, évêque de Langres, a dit dans son dernier mandement : *Nous devons regarder les Turcs comme nos frères.*

Aujourd'hui nous voyons en France des Protestants, autrefois plus odieux que les Turcs, occuper publiquement des places qui, si elles ne sont pas les plus considérables de l'Etat, sont du moins les plus avantageuses. Personne n'en a murmuré. On n'a pas été plus surpris de voir des fermiers-généraux Calvinistes, que s'ils avaient été Jansénistes,

(*) Lettre de la Reine Christine.

Le ministère, ayant écrit en 1751 une lettre de recommandation en faveur d'un négociant protestant nommé Frontin, homme utile à l'Etat, un évêque d'Agen, plus zélé que charitable, écrivit & fit imprimer une lettre assez violente contre le ministère. Il remontrait dans cette lettre qu'on ne doit jamais recommander un négociant huguenot, attendu qu'ils sont tous ennemis de Dieu & des hommes. On écrivit contre cette lettre ; & soit qu'elle fut de l'évêque d'Agen, soit de l'abbé de Caveirac, cet abbé la soutint dans sa révocation de l'édit de Nantes. Il voulut persuader qu'il n'y avait eu aucune persécution dans la Dragonade ; que les Réformés méritaient d'être beaucoup plus maltraités ; qu'il n'en sortit pas du royaume cinquante mille ; qu'ils emportèrent très-peu d'argent ; qu'ils n'établirent point ailleurs des manufactures dont aucun pays n'avait besoin, &c... &c...

Autrefois un tel livre eut occupé toute l'Europe : les tems sont si changés qu'on n'en parla point. Nous fûmes les seuls qui prîmes la peine d'observer que Mr. de Caveirac n'avait pas eu des mémoires exacts sur plusieurs faits.

Par exemple, il difait qu'il n'y a pas cinquante familles françaifes à Genève. Nous, qui demeurons à deux pas de cette ville, nous pouvons affirmer qu'il y en a plus de mille, fans compter celles que la mort a éteintes, ou qui font paffées dans d'autres familles par les femmes. Et nous ajoutons ici que ce font des familles qui ont porté dans Genève une induftrie & une opulence inconnue jufqu'alors. Genève, qui n'était autrefois qu'une ville de théologie, eft aujourd'hui célèbre par fes richeffes & par fes connoiffances folides : elle les doit aux Réfugiés français ; ils l'ont mife en état de prêter au roi de France des fonds dont elle retire cinq millions de rente, au tems où nous écrivons.

(*) Il arriva depuis un événement favorable, qui avança confidérablement les projets du grand Electeur ; Louis XIV. révoqua l'Edit de Nantes, & quatre cent mille Français fortirent pour le moins de ce royaume ; les plus riches paffèrent en Angleterre & en Hollande ; les plus pauvres, mais les plus induftrieux, fe réfugièrent dans le Brandebourg, au nombre de vingt mille ou environ ; ils aidèrent à repeupler nos villes défertes, & nous donnèrent toutes les manufactures qui nous manquaient.

A l'avénement de Frédéric Guillaume à la régence, on ne fefait dans ce pays ni chapeaux, ni bas, ni ferges, ni aucune étoffe de laine ; l'induftrie des Français nous enrichit de toutes ces manufactures ; ils établirent des fabriques de draps, de ferges, d'étamines, de petites étoffes, de droguets, de grifettes, de crêpon, de bonnets & de

SUR LA RÉVOCATION, &c. 251

Mr. l'Abbé donnait un démenti au roi de Prusse, qui dans l'histoire de sa patrie, a prononcé que son grand-père reçut dans ses états plus de vingt-mille réfugiés. Et pour décréditer le témoignage du roi de Prusse, il prétend que son histoire du Brandebourg n'est point de lui, & que c'est nous qui l'avons faite sous son nom. Ce fut donc pour nous un devoir indispensable de rendre gloire à la vérité ; de ne nous point parer de ce qui ne nous appartient pas ; d'avouer que nous ne servîmes au roi de Prusse que de grammairien, & même de grammairien fort inutile. Il n'avait pas besoin de nous pour être l'historien & le législateur de son royaume, comme il en a été le héros. (*)

Mr. l'Abbé récusait de même le témoignage

---

bas, tissus sur des métiers. Des chapeaux de castor, de lapin & de poil de lièvre ; des teintures de toutes les espèces. Quelques-uns de ces Réfugiés se firent marchands, & débitèrent en détail l'industrie des autres. Berlin eut des orfèvres, des bijoutiers, des horlogers, des sculpteurs ; & les Français qui s'établirent dans le plat pays, y cultivèrent le tabac, & firent venir des fruits & des légumes excellents dans les contrées sablonneuses, qui par leurs soins devinrent des potagers admirables. Le grand Electeur, pour encourager une colonie aussi utile, lui assigna une pension annuelle de quarante mille écus dont elle jouit encore.

Hist. de Brandebourg par le roi de Prusse, édition de Jean Neaulmé 1751, Tom. 2d. pages 311, 312 & 314.

de tous les Intendans des provinces de France & de nos Ambassadeurs qui, témoins de la décadence de nos manufactures & de leur transplantation dans le pays étranger, en avaient formé de justes plaintes. Nous aimâmes mieux les en croire que Mr. de Caveirac, qui était moins à portée qu'eux d'être bien instruit.

Il prétend que ceux qui s'expatrièrent n'étaient que des *gueux* à charge à l'Etat. Mais, les La Rochefoucaut, les Bourbons Malause, les La Force, les Ruvigny, les Shomberg, tant d'autres officiers principaux qui servirent sous le roi Guillaume, & sous la reine Anne, étaient-ils des *gueux* ? Il est vrai qu'il sortit plusieurs familles pauvres, & qu'elles furent secourues par les rois d'Angleterre & de Prusse, par plusieurs princes de l'Empire, par les Hollandais, par les Suisses. Cela même est un très-grand malheur. Les pauvres sont nécessaires à un Etat ; ils en font la base ; il faut des mains nécessitées au travail. Ceux qui auraient cultivé des campagnes en France, allèrent défricher la Caroline, la Pensylvanie, & jusqu'à la terre des Hottentots. L'orient & l'occident, les extrémités de l'ancien & du nouveau monde virent leurs travaux & leurs larmes.

Si donc l'Angleterre & la Hollande donnèrent à ces proscrits des aziles, en Europe & au bout de l'univers, il est étrange que Mr. l'abbé se soit exprimé sur les Anglais en ces termes : *Une fausse religion devait produire nécessairement de pareils fruits : il en restait un seul à meurir : ces insulaires le recueillent ; c'est le mépris des nations.* On n'a jamais rien dit de si étrange.

Quelles sont donc les nations pour qui les Anglais ne sont qu'un objet de mépris ? Sont-ce les peuples qu'ils ont vaincus ? Sont-ce les peuples qu'ils ont secourus ? Est-ce l'Inde où ils ont conquis des états trois fois plus grands & plus peuplés que l'Angleterre ? Est-ce la moitié de l'Amérique dont ils sont souverains ?

A l'égard des Hollandais, Mr. l'abbé dit qu'ils n'acueillirent les réfugiés français que parce qu'ils sont sans religion. *Les Hollandais*, dit-il, *ne sont pas tolérants, ils sont indifférents. La philosophie ne les a pas éclairés, elle a obscurci leurs lumieres.* Il en fait ensuite un portrait affreux. C'est ainsi qu'il juge le monde entier.

Nous ne pouvons passer sous silence un reproche singulier que Mr. l'abbé fait aux Pro-

testants de France. Reprochez-vous, ô Huguenots, les meurtres de Henri III & de Henri IV,
en conspirant contre François second, & contre
Charles IX. Vous avez enhardi les cruelles mains
des parricides. On ne savait pas encor que le
jacobin Jaques Clément, & le feuillant Ra-
vaillac fussent huguenots. C'est une fleur de
rhétorique, & quelle fleur !

Il est tems de passer de Mr. l'abbé de Caveirac à Mr. l'abbé Sabatier, tout deux également
pieux, & également illustres.

ARTICLE SEIZIEME.

Des Dictionnaires de Calomnies.

UN nouveau poison fut inventé depuis quelques années dans la basse littérature. Ce
fut l'art d'outrager les vivans & les morts par
ordre alphabétique : on n'avait pas encor entendu parler de ces Dictionnaires d'injures. Si
nous ne nous trompons pas, ils commencèrent
lorsque Mr. Lavocat, bibliothécaire de la Sor-
bonne, l'un des plus sages & des plus modérés
littérateurs, comme l'un des plus savans, eut

donné son dictionnaire historique vers l'an 1740. Un janséniste (car pour le malheur de la France il y avait encor des jansénistes & des molinistes) fit imprimer contre Mr. l'abbé Lavocat un libelle diffamatoire, sous le titre & dans la forme de dictionnaire.

Il commence par remercier Dieu de ce qu'il est venu à bout de finir ce rare ouvrage sous les yeux & avec le secours de l'auteur clandestin de la gazette ecclésiastique, *dont la plume, dit-il, est une fléche semblable à la fléche de Jonathas fils de Saül, laquelle n'est jamais retournée en arrière, & est toujours teinte du sang des morts & de la graisse des plus vigoureux.* L'abbé Lavocat lui répondit qu'il voyait peu de rapport entre la fléche de Jonathas teinte de graisse, & la plume d'un prêtre Normand qui vendait des gazettes. D'ailleurs il persista à se rendre utile, dût-il être percé de quelque fléche de ces convulsionnaires. Le libelle du janséniste attaqua tous les gens de lettres qui n'était pas du parti; sa fléche fut lancée contre les Fontenelle, les La Motte, les Saurin, &c. qui n'en sentirent rien.

Nous avions mis au devant du siecle de Louis XIV une liste assez détaillée de tous les artistes qui firent honneur à la France dans ces temps illustres. Deux ou trois personnes se sont associées depuis peu pour faire un pareil catalogue des artistes de trois siècles ; mais ces auteurs s'y sont pris différemment : ils ont insulté par ordre alphabétique à tous ceux dont ils ont cru qu'il était de leur intérêt d'attaquer la réputation. Nous ignorons si leur flèche est retournée ou non en arrière, & si elle a été teinte de la graisse des vigoureux. Celui de la troupe qui tiroit le plus fort & le plus mal était un abbé Sabatier, natif d'un village auprès de Castres, homme d'ailleurs différent en tout des gens de mérite qui portent le même nom.

Il fut payé pour tirer ses traits sur tous ceux qui font aujourd'hui honneur à la littérature par leur érudition & par leurs talens. Dans la foule de ceux qu'il attaque, on trouve feu Mr. Helvétius. Il le qualifie lui & ses amis de *maniaques*. *Nous pouvons assurer*, dit-il, *par de justes observations, que ses illusions philosophiques étaient une espèce de manie involontaire. Il se contentait de gémir dans le sein de l'amitié, de l'extravagance & des excès de maniaques, qui se glorifiaient de l'avoir pour confrère.*

L'abbé

DES CALOMNIES.

L'abbé Sabatier a raison de dire qu'il était à portée de faire de justes observations sur Mr. Helvétius ; puisqu'il avait été tiré par lui de la plus extrême misère, & que rechauffé dans sa maison (comme Tartuffe chez Orgon) il n'avait vécu que de ses libéralités. La première chose qu'il fait après la mort d'Helvétius est de déchirer le cadavre de son bienfaiteur.

Nous n'étions pas de l'avis de Mr. Helvétius sur plusieurs questions de métaphysique & de morale ; & nous nous en sommes assez expliqués, sans blesser l'estime & l'amitié que nous avions pour lui. Mais qu'un homme nourri chez lui par charité prenne le masque de la dévotion pour l'outrager avec fureur, lui & tous ses amis, & tous ceux même qui l'ont assisté, nous pensons qu'il ne s'est rien fait de plus lâche dans les trois siècles dont cet homme parle, & qu'il connaît si peu.

Lui !... un abbé Sabatier !... oser feindre de défendre la religion ! oser traiter d'impies les hommes du monde les plus vertueux ! S'il savait que nous avons en notre possession son abrégé du Spinosisme, intitulé *Analyse de Spinosa*, à Amsterdam : ouvrage rempli de sarcasmes & d'ironies, écrit tout entier de sa main, finissant par ces mots : *point de religion & j'en serai plus honnête homme. La loi ne fait que des esclaves, elle n'arrête que la main*; enfin signé, *adieu baptisabit.*

S'il savait que nous possédons aussi, écrits de sa main, les vers infames qu'il fit dans sa prison à Strasbourg, & d'autres vers aussi libertins que mauvais, que dirait-il? Rentrerait-il en lui-même? Non, il irait demander un bénéfice, & il l'obtiendrait, peut-être.

Le cœur le plus bas & le plus capable de tous les crimes des lâches est celui d'un athée hypocrite.

Nous fûmes toujours persuadés que l'athéisme ne peut faire aucun bien, & qu'il peut faire de très-grands maux. Nous fîmes sentir la distance infinie entre les sages qui ont écrit contre la superstition, & les fous qui ont écrit contre Dieu. Il n'y a dans tous les systêmes d'athéisme ni philosophie ni morale.

Nous n'y voyons point de philosophie : car en effet est-ce raisonner que de reconnaître du génie dans une sphère d'Archimède, de Possidonius, dans un de ces Oréris qu'on vend en Angleterre, & de n'en point reconnoître dans la fabrication de l'univers ; d'admirer la copie

& de s'obstiner à ne point voir d'intelligence dans l'original ? Cela n'est-il pas encor plus fou que si on disait : les estampes de Raphaël sont faites par un ouvrier ; mais le tableau s'est fait tout seul ?

L'athéisme n'est pas moins contraire à la morale, à l'intérêt de tous les hommes ; car si vous ne reconnaissez point de Dieu, quel frein aurez-vous pour les crimes secrets ?

duræ saltem virtutis amator,
Quære quid est virtus, & posce exempla honesti.

Nous ne disons pas qu'en adorant un Etre-Suprême, juste & bon, nous devions admettre la barque à Caron, Cerbère, les Euménides, ou l'ange de la mort *Sammael* qui vient de demander à Dieu l'ame de Moyse, & qui se bat avec *Michael* à qui l'aura. Nous ne prétendons point qu'Hercule ait pu ramener Alceste des enfers, ou que le Portugais Xavier ait ressuscité neuf morts.

De même qu'il faut distinguer soigneusement la fable de l'histoire, il faut aussi discerner entre la raison & la chimère.

Il est très-certain que la croyance d'un Dieu juste ne peut être qu'utile. Quel est l'homme qui, ayant seulement une peuplade de six cent personnes à gouverner, voudrait qu'elle fût composée d'athées?

Quel est l'homme qui n'aimerait pas mieux avoir à faire à un Marc-Aurele, ou à un Epictete qu'à un abbé Sabatier? Nous savons, & nous l'avons souvent avoué qu'il est des athées par principes, dont l'esprit n'a point corrompu le cœur.

> On a vu souvent des athées
> Vertueux malgré leurs erreurs :
> Leurs opinions infectées
> N'avaient point infecté leurs mœurs.
> Spinosa fût doux, juste, aimable :
> Le Dieu, que son esprit coupable
> Avait follement combattu,
> Prenant pitié de sa faiblesse,
> Lui laissa l'humaine sagesse,
> Et les ombres de la vertu.

Nous dirons à tous ces athées argumentans, qui n'admettent aucun frein, & qui cependant se sont fait celui de l'honneur ; qui raisonnent mal & qui se gouvernent bien : Messieurs, gardez-vous de l'abbé Sabatier, qui se conduit comme il raisonne. Aussi ne le voyent-ils point ; il est également en horreur aux dévots & aux philosophes.

DE CALOMNIES.

Quand le *Sstême de la nature* fit tant de bruit, nous ne dissimulâmes point notre opinion sur ce livre ; il nous parut une déclamation quelquefois éloquente, mais fatiguante, contraire à la saine raison, & pernicieuse à la société. Spinosa du moins avait embrassé l'opinion des Stoïciens qui reconnaissaient une intelligence suprême ; mais dans le *Système de la nature*, on prétend que la matière produit elle-même l'intelligence. S'il n'y avait là que de l'absurdité, on pourrait se taire. Mais cette idée est pernicieuse ; parce qu'il peut se trouver des gens qui ne croyant pas plus à l'honneur & à l'humanité, qu'à Dieu, seront leurs Dieux à eux-mêmes, & s'immoleront tout ce qu'ils croiront pouvoir s'immoler impunément. Les athées Tartuffes seront encor plus à craindre. Un brave déiste, un sectateur du grand Lama un peu courageux, peut avoir la consolation de tuer un athée sanguinaire qui lui demande la bourse le pistolet à la main ; mais comment se défendre d'un athée hypocrite & colomniateur qui passe sa journée dans l'antichambre d'un Evêque ? &c.

Fin des Fragments.

TABLE DES ARTICLES

Contenus dans ce Volume.

ARTICLE I. *De la science des Bracmanes.* P. 1

ART. II. *De la religion des Bracmanes, & surtout de l'adoration d'un seul Dieu.* 7

ART. III. *De l'ancienne mythologie philosophique avérée, & des principaux dogmes des anciens Bracmanes sur l'origine du mal.* 14

ART. IV. *De la Métempsycose.* 26

ART. V. *D'une Trinité reconnue par les Brames. De leur prétendue idolâtrie.* 32

ART. VI. *Du Catéchisme Indien.* 37

ART. VII. *Du Baptême Indien.* 42

ART. VIII. *Du Paradis terrestre des Indiens, & de la conformité apparente de quelques-uns de leurs contes avec les vérités de notre sainte Ecriture.* 44

ART. IX. *Du Lingam, & de quelques autres superstitions.* 48

ART. X. *Épreuves.* 55

ART. XI. *De l'histoire des Indiens jusqu'à Timur ou Tamerlan.* 60

ART. XII. *De l'histoire indienne, depuis Tamerlan jusqu'à Mr. Holwell.* . 67

ART. XIII. *De Babar qui conquit une partie de l'Inde, après Tamerlan, au 16ᵉ. siécle. D'Acbar brigand encor plus heureux. Des barbaries exercées chez la nation la plus humaine de la terre.* . 75

ART. XIV. *Suite de l'histoire de l'Inde jusqu'à 1770.* 82

ART. XV. *Portrait d'un peuple singulier dans l'Inde. Nouvelles victoires des Anglais.*
. 88

ART. XVI. *Des provinces entre lesquelles l'empire de l'Inde était partagé vers l'an 1770, & particulierement de la république des Seikes.* . . 93

Fragment sur la justice, à l'occasion du procès de Mr. le Comte de Morangiés contre les Jonquay. 99

Fragment sur le procès criminel de Monbailli, roué & brûlé vif à St. Omer en 1770. pour un prétendu parricide, & de sa femme, condamnée à être brûlée vive, tous deux reconnus innocents. - . 111

Fragments sur l'Histoire Générale.

ART. I. *Qu'il faut se défier de presque tous les monuments anciens.* . . 119

ART. II. *De la Chine.* . . . 125

TABLE.

Art. III. *De la population de la Chine & des mœurs.* . . . 131

Art. IV. *Si les Egyptiens ont peuplé la Chine, & si les Chinois ont mangé des hommes.* . . . 137

Art. V. *Des anciens établissements & des anciennes erreurs avant le siécle de Charlemagne.* . . . 143

Art. VI. *Fausses donations, faux martyres, faux miracles.* . . . 148

Art. VII. *De David, de Constantin, de Théodose, de Charlemagne, &c.* 154

Art. VIII. *D'une foule de mensonges absurdes qu'on a opposés aux vérités énoncées par nous.* . . . 169

Art. IX. *Eclaircissements sur quelques anecdotes.* . . . 178

Art. X. *De la philosophie de l'histoire.* 181

Art. XI. *Calomnies contre Louis XIV.* 188

Extrait d'un mémoire sur les calomnies contre Louis XIV. & contre Sa Majesté régnante, & contre toute la famille royale, & contre les principaux personnages de la France. . . . 189

Art. XII. *Défense de Louis XIV.* . 206

Art. XIII. *Défense de Louis XIV. contre les annales politiques de l'abbé de S. Pierre.* . . . 230

Art. XIV. *Fragment sur la S. Barthelemi.* 241

Art. XV. *Fragment sur la révocation de l'Edit de Nantes.* . . . 247

Art. XVI. *Des Dictionnaires de Calomnies.* 254

Fin de la Table.

ERRATA.

Page 5. *ligne* 16. vingt-sept mille, *lisez* vingt-cinq mille.
Page 81. *ligne* 14. s'il est vrai, *lisez* il est vrai.
Page 92. *ligne* 11. ridicule, *lisez* ridicules.
Page 241. *à la note*, Silvius, *lisez* Silius.
Page 245. *lig.* 10. qui ne passe peut-être pas aussi véridique, *lisez* qui ne passe peut-être pas pour être aussi véridique.

www.ingramcontent.com/pod-product-compliance
Lightning Source LLC
Chambersburg PA
CBHW050317170426
43200CB00009BA/1355